不是為了快樂

前行修持指引

宗薩·蔣揚·欽哲仁波切 剽竊之作
姚仁喜 譯

禮敬　吉祥圓滿❶。

快！

請您開展無盡的悲心之網，

溫柔地擁抱這一切受苦的眾生。

他們無止盡地追逐快樂，

卻只帶來不幸與傷悲。

❶「吉祥圓滿」（Tashi Paljor）為頂果．欽哲（Dilgo Khyentse）仁波切之名號。

牛與烏龜（二〇二二）

此為香港名畫家許月白女士應上師宗薩・蔣揚・欽哲仁波切之指示，於病中奮起，為本書手繪之插圖。

目次

前言……12

一 文化配件多有用？……15
二 《龍欽心髓前行》……16
三 關於本書……17

導言……調整你的心……22

一 佛法的核心在日常行持之中……22
二 心靈修持會不斷地改變……24
三 佛法教授……26
四 傷悲之心……28
五 死亡的確定性……29
六 超越概念……30

第一部　我們為何要修持前行？

第一章　佛法有什麼好處？……36

一　佛法會讓我快樂嗎？……36
二　培養「出離心」……38
三　培養面對真諦的意願……42
四　如何珍惜佛法真正的價值……43
五　克服貧困的心態……44
六　要貪求「聖財」……46
七　聽聞與思惟佛法……47
八　依自己的能力而修持……48
九　誓戒……50
十　從幻相與迷惑中解脫……51
十一　持續的存在……52
十二　佛性：培養「最糟的染污也能洗淨」的信心……54
十三　正念……55
十四　持戒、禪定與智慧……57

第二章　因乘與果乘……60

一　因乘……60
二　果乘……61
三　「道」即是目標……62
四　綑綁輪迴眾生的事物，也能解脫眾生……63
五　利用此身做為法道……64

第三章　前行略說……70

一　「前行」：一個誤稱？……70
二　前行的結構……71
三　開始修持前的幾句建言……72

第四章　你的心靈熱身……80

一　修行者的四種態度……80
二　三殊勝法……82
三　切斷念頭之鏈……87
四　以持戒做為準備……87
五　憶念上師是修持最好的準備……89

六 開始修行前的三個竅訣教授 …… 90
七 遙呼上師 …… 94
八 四共加行 …… 96

第五章 運用你的想像力 …… 104

一 觀想的修持 …… 104
二 常見的問題 …… 113

第六章 我們為何需要上師？ …… 116

一 檢視上師 …… 117
二 老師示現，以啟發學生 …… 119
三 上師 …… 120
四 學生為何需要尋找上師？ …… 121
五 上師即是「法」 …… 123
六 不要事後批評自己 …… 124
七 純正上師所具有的功德 …… 125
八 福德與上師 …… 128
九 以虔敬心來度量心靈的進展 …… 128

第二部　前行

第七章　皈依……134

一　為何要皈依？……134
二　皈依：理論……137
三　皈依：竅訣教授……139
四　皈依：修持……141
五　積聚大禮拜數量……144
六　如何克服你對修行的抗拒……147

第八章　生起菩提心……152

一　何謂「菩提心」？……152
二　相對菩提心……157
三　究竟菩提心……177
四　座修的結尾……178

第九章　淨除蔽障的修持——觀修上師為金剛薩埵……182
一　蔽障與染污——惡業……184
二　為何要觀想上師為金剛薩埵？……186
三　虔敬心——深信咒語與觀想……187
四　四種力……188
五　觀想……189
六　三昧耶……194

第十章　供養曼達……198
一　福德……198
二　修持……210

第十一章　「古薩里」修法……222
一　觀想——戰勝四魔……222

第十二章　上師瑜伽……228
一　觀想……229
二　「上師瑜伽」之心要……231

三 修行指南……233
四 修行者成熟的徵兆……239
五 祈請文以及應該祈請什麼……240

第十三章 「灌頂」與上師瑜伽四灌頂……246
一 灌頂——引介佛性……246
二 「灌頂」的理論……248
三 修法：自我灌頂……250
四 認識心的本性……253
五 生起次第與圓滿次第……254
六 薈供……256

第十四章 有關修持的忠告……260
一 以情緒（煩惱）為道……260
二 最後的忠告……266

致謝詞……274
譯者後記……276
名詞解釋……278
欽哲基金會……289

前言

在我們開始任何計畫——例如學習新的語言——之前，若能毫無疑問地知道自己為何要做，並能確定它值得自己去貫徹，是會有幫助的。一旦建立起這個基礎，你自然會問：「我應當先做什麼？」這是一個好問題，而且，如果是學習新語言的話，答案也相對地單純。對初學者而言，當然從字母學起；但是，如果談到「圓滿成就心靈之道」這種更具雄心大志的主題時，事情就會變得有點複雜。雖然我們必須提出同樣的問題，但是比起學習語言的學生，這條探索之路對於渴望成為佛教徒的人而言，將更為危險。為什麼？因為在佛教世界中，問題與答案都已經被制度化了。

理論上，由於每個人的心靈旅程必然有所不同，因此，對於「我應當先做什麼」這個問題，也就會有許多不同的答案。遺憾的是，只有圓滿證悟的諸佛與大菩薩，才能就每個人需要先做什麼給予精確的量身教示；然而，在日常生活中，我們遇見這般聖者的可能性卻極為微小。那麼，我們該如何開始？我們該何時開始、該做什麼？是否有什麼是我們可以忽視或略過的？

由於我們缺乏證悟諸佛的個別指引，因此，唯一能依賴的就只有佛法現存的一般化教授，而這是數世紀以來揣摩臆想的成果。雖然這不像是個激勵人心的消息，但是請諸位不要絕望。這些揣摩想像雖然已有數百年歷史，但最初都是由一些世界上曾經存在過、最偉大的學者與修行者所發展出來的。因此，「依循佛法之道，我該做什麼？」如果你這個問題所獲得的答案是修持「止禪」（shamatha meditation）或「*四加行」（four foundations），那麼你大可放心，這個答案若不中，亦不遠矣。

我們今天所面對的一個問題，是「前行」（藏Ngöndro）這項修持愈來愈被看作是一種慣例或習俗。這並不是新的現象，習俗或傳統原本就一直環繞著心靈修持的方法而衍生。事實上，我們很難想像如何能避免它，或甚至該不該避免它。例如在緬甸、日本、泰國等地，現今妝點佛陀智慧的當地色彩，即是過去讓教法生根發展的極大助力。但是今天，只要有個想要步入金剛乘（梵vajrayana）的弟子一接觸到教法，就會被告知：做任何其他事情之前，必須先完成「前行」。然而，佛陀所有教法背後的意圖，就是要我們超越人為的習俗與文化，這些都會隨著時代、國界與主流思想而有所改變。設若佛教的律法是始於某個飛沙走石之地，佛陀無疑地會建議比丘們使用現在所謂的「罩袍」（burka）來保護臉龐。如果這個傳統後來被移植到一個潮濕無風的熱帶森林，當地的比丘們可能不會覺得這條戒律有何啟發人心之處。

隨著你的修習愈深入，你就會愈加發現前行是金剛乘最獨特的要素。可悲的是，在這年頭，大家都流行愈快擺脫它愈好，新進的金剛乘弟子將前行視為自己被允許接受更高深

凡標有*符號者，都可於書末的「名詞解釋」中找到詳細說明。

教法之前所需克服的門檻。這是極大的錯誤！而且也是個潛在的危險，因為它幾乎無法被駁斥。然而，許多人都抱持這種看法，而其後果也開始愈來愈難以收拾。例如，在佛教圈裡，有種心靈「政治正確」的作用，因此，即使像是「並非每個人都需要累積十萬遍大禮拜」這種最輕微的建議，也會受到極大的排斥。如果愈多人這麼想，這項珍貴的修持被貶為無意義儀式的風險也就愈大。

當然，依循一套步驟分明的修行之道，是有益又令人感到有所成就的。但問題是，現今的佛弟子們總是太過亦步亦趨地依循既定的修持。其實每個弟子的需求都不同，因而上師需要培養的一種善巧，是要找出最適合每個人根器的修持方法。

舉例而言，假設你必須教導隔壁的鄰居學騎自行車。你首先發覺她在清晨注意力都難以集中，而那卻是她需要騎去上班的時刻。做為老師的你，於是建議她離家前先喝一杯咖啡來提神。結果成效奇佳，不到兩天，她就在早晨安全地騎車上班了。不久之後，她的堂兄要她教如何騎車，由於你建議的那杯咖啡對她的騎車經驗非常有效，於是不管他是否需要，她就將這個建議傳遞給堂兄。接著，她堂兄又將同樣的訊息傳遞給弟弟，弟弟又傳遞給女兒，如此一路傳遞下去。過了五百年，就衍生出一種嚴密的教派——他們一定先喝完咖啡再騎自行車，否則就不上路。

文化配件多有用？

從亞洲發展出來的心靈之道，例如佛教或印度教，都包覆了各式各樣的文化配件，而且為了適應各個種族的需求，也發展出各種特定的儀式。亞洲的人們喜好與佛法有關的各種盛典及儀式（這種帶有戲劇感的儀典，至今還持續地利益許多修行者），然而，如今佛教哲學已經在亞洲之外傳播，我們就必須面對某些挑戰。許多古老的佛教儀式雖然很適合亞洲人，但是對歐美或澳洲等地的人而言，就比較難以消化。甚至出生在尼泊爾、不丹或西藏這些傳統佛教社會裡的年輕人，也很難理解一些佛法比較儀式性的面向。

但是，我們不能因為許多由來已久的東方傳統看似有點過時，就武斷地認為它們在現今變遷的世界中是無用的。雖然也許有些面向不再有用，但大部分佛法裡所謂「宗教性」（religiosity）的事物，還是非常有用且值得保存。由於文化既非獨立也非永恆的，因此有關儀式方面的事物，仍可教導並加以運用。這也就是說，佛教修持中必要的那些古老文化元素，無疑地應該傳遞給現代人。

以合掌表示尊敬或致意的「合十印」（anjali mudra），就是一個優美而普遍的手勢；將它應用在大禮拜上，也是眾所接受的修持方式。想像如果這種修持被現代化，有人告訴你可以用握手十萬遍來取代合掌，雖然理論上並無任何邏輯可說它行不通，但它就不會有相同的效果。強大而長久的習俗總會駕馭邏輯，而且老辦法往往正是最佳的方法；往昔大師們非凡的洞察與遠見，也在他們制定的這些廣為運用的修持法門中得到見證。例如，禪坐時要挺直背脊，不論人們來自何種背景，這個方法都一直適用於所有人類。

當然，對現代的修行者而言，與前行修持有關的習俗與傳統仍然非常合適。舉例而言，像我這種人，就對既定的結構與可度量的目標感到鼓舞與啟發——有如寓言中綁在驢子帽上的胡蘿蔔。但是我們處於末法時期*（degenerate times），很難在眾多仍然存在的善巧方便中，分辨出何者仍然適合現代人。邏輯告訴我們，由於時代艱困，因此前行的每個項目都不只要重複習俗上的十萬遍，而是三十萬遍，甚或更多。然而，也有一些人鼓吹把數量降低到各一萬遍，來激勵那些會因數量龐大而氣餒的人。

喇嘛*項仁波切（Lama Shang Rinpoche）曾說，想要修持大手印*（梵 Mahamudra）的人，應該不要把「先修完前行的積聚」看得太嚴重；他認為前行與所謂的「正行」應該一直同時修持。這裡所說的重點是，前行的目標不應只是累積數量而已，而是要讓它穿透我們的心，弄亂我們憍慢的羽毛，並且確實地削弱我們的我執。

《龍欽心髓前行》

佛教中許多所謂的「前行」，都以特有的名詞來涵蓋其獨特且深奧的教法。我們以《龍*欽心髓前行》（*Longchen Nyingtik Ngöndro*）為例，雖然它是眾所周知的「前行」，卻包含了佛法中一些最深奧的語言。類似「脈*」（梵 nadi）、「氣*」（梵 prana）、「明點*」（梵 bindu）等字眼一開始就出現於法本中，而且自始至終重複許多次。《龍欽心髓前行》背後的偉大啟發即是「大圓滿*」（梵 mahasandhi；藏 dzogchen）傳統，它包含了藏傳佛教中一些最古老、最直接的智慧法教。例如，在「上師瑜伽」（梵 Guru Yoga）中有關灌頂*（梵 abhisheka）的段落，就包含了與「四種持明果位*」（four stages of a vidyadhara）相應的內容；對某些人而言，僅是聽聞持明*（梵 vidyadhara）的名號，就感到非常鼓舞了。

雖然這些概念可能一開始會讓初學者感到迷惑，但它們都不是留到法道終了才出現，而是一開始在前行的階段就引介給大家，以便幫助學生熟悉這些名詞與其背後不凡的意義。虔敬而精進的修行者，很可能每日複誦這些詞句十年或甚至二十年，才極為歡喜地逐漸發現它們所代表的深義。例如，多數佛法修行者都非常熟悉「菩提心*」（梵 bodhicitta）一詞，大多數的人也都相當確定它與我們想要在心中建立的某種善良、慈愛的念頭有關。然而事實上，「菩提心」的真義卻只會在許多年的修行之後，才會浮現。

關於本書

本書的對象並非全然新進的佛教徒，而是針對那些對佛法至少有些概念，而且不論花多少時間都願意理解佛法語言的人，或者是那些強烈地渴望修持的人所寫的。我希望本書對所有想要修持藏傳金剛乘法道的人都有所用處，但是，就如同你將會發現的，雖然全書內容充滿了一般化的論述，我還是以《龍欽心髓前行》作為主要的參考，並且相當依賴於寧瑪派發展出來的名詞與解釋。

然而，我必須承認，某部分的我擔心如此做之後，反而會對所有其他深奧的金剛乘傳承造成傷害，因為各個傳承都有其獨特的語彙，包含了精心琢磨的字眼與語意。為何我不包含其他這些傳承的語言呢？尤其我們總是鼓勵大家要培養「不分教派」（non-sectarian）的態度，而且要以純淨的觀點來看待所有的傳承。但是，如果挑選不同傳承中的名詞，然後把它們像語言炒麵般地混在一起，事實上才是最違背「不分教派」的做法，而且毫無益處。例如，「平常心」（ordinary mind）一詞對「大手印」修行者是某個意思，但對「大圓滿」修行者又是另外一個意思。同樣的，「不分心散亂」（do not be distracted）在聲聞乘*（梵shravakayana）傳統與金剛乘傳統有相當不同的意義。因此之故，我試圖以寧瑪派對這些修持的解釋為主軸，而我同時也要懇請諸位，未來如果你讀到未曾在本書出現的名詞時，請勿輕易忽略它們。

雖然我最常參照的是蔣揚*．欽哲．旺波（Jamyang Khyentse Wangpo）的《龍欽心髓前行釋論》，以及噶舉派大手印前行的論釋，但是不論你依循的是哪個前行傳統，都有許多很好的參考文獻。修持《龍欽心髓前行》的人，可以參考所有之中最特別的前行釋論——巴楚*仁波切（Patrul Rinpoche）的《普賢上師言教》*（*The Words of My Perfect Teacher*），它是一系列直接又根據經驗的竅訣*教授（pith instructions）。修持大手印前行的人，可以藉由岡波巴（Gampopa）的《解脫莊嚴寶論》*（*The Jewel Ornament of Liberation*）與許多其他典籍來充實自己。修持「道果」（藏 Lam Dré）的人，可以參考薩迦傳承不同的《三現分》（*Three Perceptions*）教法；同時，我們也不該忘記宗喀巴深奧又殊勝的法教《菩提道次第廣論》（藏 *Lam Rim*；*The Gradual Path*）。

其他值得研讀的典籍包括：《楞伽經》*（梵 *Lankavatara Sutra*）、寂天（梵 Shantideva）的《入菩薩行》*（梵 *Bodhicharyavatara*）、蓮花戒（梵 Kamalashila）的《修習次第》（*Stages of Meditation of the Madhyamika*）、阿底峽*（Atisha Dipamkara）的《菩提道燈》（*Lamp for the Path to Enlightenment*）。

諸位也會發現我在本書中引用了很多名言，這純粹是由於我的怠惰使然，我也因而感到一種奇怪的罪惡感。然而，最終而言，我們傳達給別人的訊息也只能根基於對自己所學的自我詮釋而已。因此我認為，與其掙扎好幾個月試圖精確地去翻譯他們的話語，倒不如直接引用往昔大師們的語句還更好。因為不論翻譯有多「好」，也只是從我的觀點看起來正確而已。

老天才曉得為什麼——不！是「業」才曉得，現代世界完全執著於「性別議題」。因此，容我先警告大家，我使用的有關性別的語句，可能會觸犯諸位對政治或其他原則「正確性」的概念。然而，我例舉中所使用的「他」或「她」，並非有意的選擇。

至於各種不同觀想的細節，有的可能過度解說，而有的可能太過草率地略過。因此，與其完全只靠這本書，我建議諸位根據你所修持的傳統，參考大師們原始的論釋會更好。

如果你想要瞭解更多本書提及的上師、教法或所用的名詞，我建議你參考現在網際網路上一些很好的資源，可以在其中查詢名詞的解釋或上師的生平傳記。這些資源包括：蓮師翻譯小組（Padmakara Translation Group）、藏傳佛教資源中心（the Tibetan Buddhist Resource Centre）、本覺維基（Rigpawiki）、那爛陀翻譯委員會（Nalanda Translation Committee）與本智出版社（Rangjung Yeshe Publications）等。

*

彌勒（梵 Maitreya）菩薩說，聽聞佛法是開啟解脫之門；很多學生便因而想像，對修持佛法而言，聽聞與思惟佛法就足夠了。沒錯，對於剛剛開始心靈修持的人而言，聽聞、閱讀佛法是會很有收穫的，而且，比較老到的佛法修行者也不可將它完全放棄。然而，詞語是完全依賴於古老假設的抽象概念，因此造成我們不得不使用的語言既曖昧又模糊。究竟而言，只是聽聞、思惟佛法是不夠的，我們還需要修行。因此，在我們心靈之道上，聞、思、修佛法都非常重要，而以修持為其核心。

宗薩・蔣揚・欽哲（Dzongsar Jamyang Khyentse）仁波切

於印度・比爾（Bir），二〇一一年十月

調整你的心

佛法的核心在日常行持之中

現今許多的佛法修行者，包括我自己在內，聽聞佛法開示不知多少年了，但我們的心仍像木頭般僵硬。在生活中，當一切似乎都很順利時，我們就感到快樂；但是當計畫受阻時，我們就感到受傷，而且還常刮起無法控制的情緒風暴，這是佛法從左耳進、右耳出令人困擾的徵象。我們不免會懷疑：「我的習氣真的有可能根除嗎？有可能將它稍加調整嗎？想像有一天我終能抵達某個境地，那時的每個行動都會是佛法的修行，這樣想像合理嗎？」我們有如剛學開車的新手，看著教練流利地換檔、看後照鏡又踩煞車，心裡想著：「我怎麼有可能學會開車？」

在某部由海意菩薩（Matisagara）向佛陀請法的大乘經典❶中，功德光王菩薩問了佛陀一個有趣的問題。他請問佛陀，如果「真諦」與「證悟」都無法以語言描述，那麼我們這種凡俗、愚痴的眾生，如何能發願成為證悟之道的弟子？佛陀回答：對教導這「不可說法」之道的人示以尊敬，當佛陀站立時，你也站立著回答；禮敬他，以有禮節的言語尊崇他；保護他、仿效他；供養他衣、食、住、醫藥與其他物資；或者只是景仰其事業、隨喜其德行、忽略其過失，這就是我所謂的「護持不可說法的修持」❷。佛陀同時也指出，佛法修持的核心不在持咒的多寡或禪定時間的長短，而是在一般、單純的日常行持之中。

在此，以「如何與自己不喜歡的人相處」為例。雖然大多數的人不會有深仇大恨的仇家，但總會要與令自己厭煩的人打交道。對初學者而言，低調地避免衝突可算是一種修行，但是如果你必須面對全世界最厭煩的人而躲避不掉的話，你可以仿效阿底峽尊者。尊者前往西藏時，他帶了一個令人極度厭煩的人做為隨行侍者，以便讓自己有充分的機會修持安忍。雖然我們可能無法做到像他這種程度，但面對著令人厭煩又無法避免的同伴時，至少可藉此機會將「厭煩」當作修持的對象。

然而，佛陀所陳述的重點是：我們心的狀態不可避免地會從日常生活的各種反應中顯示出來。例如，當計畫受阻時，你的情緒改變得多快？一分鐘前你的感覺還好，突然一陣北風吹來，勾起你過去情緒危機的全部回憶，讓你重複經歷每個痛苦的細節。你到了無法自己承受不愉快的地步，於是打電話給朋友。他注意地傾聽，而你逕自地展現所有的痛苦，完全不考慮後果，不多時，朋友也跟你同樣地沮喪、消沉起來。這麼做的目的何在？做為發願成為菩薩的你，如果感到需要縱容自己的痛苦，那麼就獨自享用吧！別把其他人

❶即《海慧請問經》。漢譯本為《佛說海意菩薩所問淨印法門經》（《大正藏》卷十三，頁400）

❷《佛說海意菩薩所問淨印法門經》卷九。爾時會中有一菩薩，名功德光王，從座而起。前白佛言：「世尊，如佛向者作如是言：我於不可說法中而成正覺。世尊，若法不可說，何故今言護持正法？」佛言：「如是如是，善男子，如汝所言，我於不可說法中而成正覺。然，善男子不可說者，謂以世俗文字語言，於無為法中而不可說，若以文字語言詮總持門，施設建立顯明開示。此即是為護持正法。乃有所說，又，善男子，有說法師，於如是等甚深經中，廣大受持為他演說如理修行者，若人能於此法師所恭敬、尊重、承事；種種供

一起拖下情緒的瘋狂大戲之中。特別如果你是「施受法」（Tonglen）的行者，誓言要承擔世上所有眾生的痛苦，更不應讓別人分享自己的痛苦！

基本上，也該是時候讓佛法確實穿透佛弟子之心了，特別是像我這種已經在這方面兜轉了很久的人。而且，即使你在一百次的嘗試中只成功了一次這種穿透的話，那也是值得獲頒勳章的成就。

心靈修持會不斷地改變

不論你是日常修「止」，或是長期閉關，你的修持一定會不斷地改變，每天都會有不同的體驗。例如，你可能會發現在早晨心智清晰，到了下午却昏昏欲睡——這是所有人類所受的苦，由於我們都陷在身、語、意三個硬殼中，因而受到五蘊*（five skandhas）與五大*（five primary elements，五大元素）所支配之故。或者你也會經歷情緒在兩個極端之間震盪，例如，週二晚上你情緒穩定又快樂，但到了週三早上脾氣卻變得極為暴躁，甚至連樹葉沙沙作響的聲音都會令你感到不愉快，這些狀況都會在某些時候發生在每個人身上。又如今天令我們感到鼓舞的事，明日則會讓我們氣餒；今天令我們傷悲而決心出離世間的同一件事，改天又會是令我們一頭栽進娑婆輪迴深淵的原因。這些讓情緒擺盪的罪魁禍首，就是完全依賴於五大的「蘊*」（aggregate）。因此，我們的修持完全無法持續而連貫。

養密為護持，飲食、衣服、坐臥之具，病緣醫藥善作供施；能護善法，善護語言，於非語言而為藏覆。此即是為護持正法。」（《大正藏》卷十三，頁496a）

正因為缺乏連貫性，所有的修行者——特別是初學者——更應以各種方式激勵自己去修持。如同我們不會只給嬰兒一個玩具玩耍，同樣的，修行者也不應只以一種修持方式來自我設限。如果某一天，你覺得聲聞乘的教法可能有助於釐清出離的利益，你絕對就應當去運用它。也許明天你發現，思惟現象如幻的本質更具啟發性，因為它讓你瞭解幾乎沒什麼事物可以出離，你也應該毫不遲疑地去運用這個見地。你要善巧地以此時、此刻對自己能產生作用的方法修持，而不要限制自己，因為對初學者而言，對修持培養出感覺是非常重要的。一旦發現一、兩種修持對自己最有效，你就應該專注於其上。這有點像遷居到城裡去，一開始你到處遊走，在住家與工作的地點之間嘗試各種路徑，直到終於找到最方便的一條路徑後，才固定下來。

還有某些時候，任何尋常的邏輯都起不了作用，即使最明顯的事實，像是「死亡迫在眉睫且無可避免，一切眾生——包括朋友、家人，甚至是自己，都無法逃避」，你都無法接受。當你的心被這種頑強的愚痴占據時，你應當向上師、佛、菩薩祈請，請求他們幫助你能真正接受「死亡無可逃避」的事實。而且切勿落入圈套，以為必須先學習厭棄輪迴，並培養強大的「出離心」，才能做這種祈請。偉大的*蔣貢．康楚．羅卓．泰耶（Jamgön Kongtrul Lodrö Tayé）曾說：「不論任何事情你都應該依賴上師，包括加持我們不再渴望輪迴。」事實上，我們甚至應當祈請上師，請他讓我們不忘祈請。

在修行者之間常有一種很普遍的誤解，總以為如果要認真地修持，就必須移居到加德滿都或某個洞穴裡，然後修持就會自動地完成。事實並非如此，你只要看看目前住在加德滿都的學佛者，就能瞭解地理位置並不保證心靈的進步，這些佛法浪人有的已經住在加德滿都三十多年了，然而他們卻未曾有所改變。他們的心和當初到達時同樣的僵硬，有些人還每況愈下。他們還是背負著一般人都有的世俗垃圾，卻以「佛法修行者」之名來偽裝。雖然這種偽裝不難看破，可是一旦被識破，他們便無法承受這種屈辱。因此，你可以確定，為了能有效地修行而離家出走是不必要的。

佛法教授

佛教的各種修持是我們用來對治「自我珍愛」習氣的技巧，每種技巧都是用來攻擊各個不同的習氣，直到完全去除「我執」這種無法抑止的衝動為止。因此，雖然有些修持看起來像是佛教的，但如果它反而強化了我執，事實上會比任何非佛教的修持還更危險。

在這年頭，有太多教法都是為了讓我們「感覺良好」而做的，甚至一些佛教上師們也都有如「新時代」（New Age）的先知了。他們的開示完全都著重於肯定我執的顯現，以及為自我感覺的「正當性」背書，這兩者都與竅訣教授中的教法無關。因此，如果你要的只是感覺良好，那不如去做個全身按摩，或是欣賞能提振精神、歌誦生命的音樂。佛法教授並非設計來讓你開心的，相反的，它是特別用來暴露你的缺失，讓你感到極為糟糕的。

你可以試著去閱讀《普賢上師言教》，如果它讓你感到沮喪，如果巴楚仁波切令人不安的真理動搖了你世俗的自信心，你應該感到高興，因為那是你終於開始理解某些佛法的徵兆了。同時，感到沮喪不見得必定是壞事，由於自己最羞恥的缺失被暴露出來而感到消沉喪氣，是完全可以理解的。在這種情況下，誰的心裡不會覺得刺痛呢？然而，完全瞭解自己的過失，不是比全然無知更好嗎？如果對自己個性中某個特定的缺點一直渾然不覺，你如何能去處理它呢？因此，竅訣教授也許暫時地會令你沮喪，但它能幫你把過失抓出來曝光，讓你能徹底地根除它，這就是「佛法穿透你的心」的意涵，或是康楚仁波切所說的：「佛法的修持結了果」，而不是經驗到好夢、樂受、極喜、神通、強大的直覺等等這些我們許多人都希望獲得的所謂「好的」體驗。

對康楚仁波切而言，當修行者對她過去不斷嘮叨而在乎的事不再覺得有什麼了不起的話，那就是佛法修持開始結為果實的徵兆了。例如，在妳還未成為真正的佛法修行者之前，若是有人稱讚妳的髮型，妳就會沉醉在喜悅之中；若有人建議髮型還可稍微再改善一點，妳就即刻掉入無可挽回的沮喪之中。無論是哪種情況，妳都完全不予回應，就是妳的修持結了果，妳也開始成為真正的佛法修行者，這比經驗到上百萬個恩寵、令人鼓舞的夢或樂受還要更好！

一個夢境到底是好的或壞的徵兆，是很難分辨的。巴楚仁波切說，一個好夢很容易是障礙或魔羅*（梵Mara）的化現，因為如果你把它看成是目標已經達成的徵兆，那麼你可能就會停止修持，或對自己的能力顯現出自我膨脹與憍慢。因此他說，如果你昨夜夢見與佛陀共進晚餐，你應將此夢視如一口痰一般，不用多想，更不必記錄下來，或與別人談論它。事實上，你應該有點擔心；同樣的，若是感覺自己多了一點悲心，或增加了一點虔敬心，你也都要擔心，因為這些都可能讓你研讀或修持的紀律鬆懈下來。

傷悲之心

康楚仁波切建議我們要向上師、諸佛與菩薩祈請，請求他們賜予加持，「讓我因而生起傷悲之心」。但是，何謂「傷悲之心」（heart of sadness）？想像有一夜你在做夢，雖然那是個好夢，但在內心深處，你知道自己終究會醒來，而這一切都會結束。我們在生命中也是如此，不論我們的感情、健康、工作或生命中其他面向目前的情況如何，一切的一切遲早都會改變；而如小搖鈴般一直在腦後提醒你這種無法避免之事實的，就是所謂的「傷悲之心」。你會瞭解，生命正與時間賽跑，因此不該將修持佛法拖延到明年、下個月或甚至明天，因為未來可能永不到來。

「與時間賽跑」這種態度非常重要，特別是在修持上。我親身的經驗告訴我，當我答應自己：「下週我即將開始修持」，多少就確定了我永遠不會去做，而我猜很多人都跟我一樣。所以，當你理解佛法修持不只是正式的靜坐禪修，而是不停地與自己的惰慢與我執對抗，以及學習如何接受各種改變，你就會即刻開始修行。舉例而言，想像你坐在海灘上欣賞落日，沒有什麼不如意的事發生，你感到很滿足，甚至很快樂。但突然間，那個小搖鈴在腦袋中開始響起來，提醒你這可能是你看到的最後一次落日。你理解到，如果自己死了，來生很可能完全不具足欣賞落日的能力，更不用說有能力理解何謂「落日」。光是這種思惟，就會幫助你的心專注於修行。

死亡的確定性

我們必須向上師、諸佛與菩薩祈請，請求他們賜予加持，讓我們因而能衷心體悟死亡的確定性，一而再、再而三地提醒自己這個事實——「自己與所有認得的人都隨時一步步接近死亡」。當然，我們都不是白痴，所以都知道自己不免一死。但我們還必須與更糟的事實相處，那就是自己何時會死，以及死亡將如何發生的不確定性。隨著我們對因、緣、果的信任與尊奉愈加增強，我們更要一再地思索這個不確定性。

我們要常常提醒自己「死亡」與「業」，因為令人訝異的是，大多數的人很容易忘記這兩件事。時常忘記「業」的一個明顯徵象，是我們有太多的抱怨——對佛陀、上師、丈夫、妻子、友人或街上的陌生人。例如，想像有個固執的人堅持要在懸崖邊上的土路駕車，有人告訴他這條路很危險，而且飲酒駕車更是自找麻煩，但他完全忽視這些忠告。有一天，他喝得爛醉，又在懸崖邊上加速前進，於是車子翻下了懸崖，在他摔落崖下石堆之前，在最後的幾秒鐘，他還在抱怨這是多麼地不公平。這，就是人生的寫照。如果能檢視所有我們經歷過的悲劇之因，就會發現自己是如何有系統而精確地安排了所有的因與緣，因而確保了我們所經驗的果。然而，我們只是不斷地抱怨！這顯示出你對因、緣、果缺乏理解，且對佛、法、僧缺乏信心。

巴楚仁波切曾說，天底下並無所謂「佛法修持」與「世間法」兩者都圓滿的人。如果我們遇見某人似乎兩者都圓滿，那麼他的善巧很可能只是根基於世俗的價值。

誤認為修持佛法會讓自己平靜，而且過著無憂無慮的生活，這是個極大的誤解。佛法並非一種治療；相反的，佛法其實是專門設計用來翻轉你的生命的，而這也是你來報名參加所想要得到的。因此，當你的生命四處碰壁時，為何要抱怨呢？如果你修行，而生活卻未翻覆，那麼這是你的一切所為皆未生效的徵兆，這是佛法與「新時代」法門——諸如靈氣（aura）、人際關係、溝通、舒活（well-being）、內在孩童（the inner-child）、與宇宙合一、擁抱樹木（tree-hugging）等——的分別。從佛法的觀點來看，這些花樣都是輪迴眾生的玩具，也是很快就會令我們感到無聊麻木的玩具。

超越概念

真誠地想要修持佛法的願心，並非出於對自我快樂的欲求，也不是希望被人認為是個「好人」，當然更不是想要讓自己不快樂，或成為一個「壞人」。真正想要修持佛法的願望，來自於達到證悟的渴望。

大致而言，人類都傾向於跟隨大眾所接受的規範，並以溫和、有禮、受尊敬的態度來融入社會；矛盾的是，這也是大多數人想像修行之人應有的舉止。若有佛法修行者被發現其行為不端，我們就會搖頭，而且對她膽敢自稱為佛弟子相當不以為然。然而，我們最好避免這種批判，因為「融入」並非真正佛法修行者努力的目標。就以帝洛巴（Tilopa）為例，他的樣子極為古怪，如果他今天出現在你家門口，你大概會拒絕他進門。而你是有道理的，因為他很可能幾近全裸，如果你幸運的話，他頂多穿了類似丁字褲的東西。他的頭髮從未接觸過洗髮精，嘴裡含著抖動的活魚，魚尾巴還露在外面。你對這種人會有什麼道德判斷？「他！是個佛教徒？那隻可憐的生物正被他折磨生吞！」這是我們神性、道德性、批判性的心在作用。其實，這種作用很類似世界上那些較為清教徒式、破壞式的宗教。當然，道德性並無必然的錯誤，但根據金剛乘的教法，心靈修持的重點是要超越我們一切的概念，包括道德性的概念。

在目前，大多數的人只能承受些微的特立獨行，但是我們應該祈願自己終能一如帝洛巴。我們應當祈願，自己終有一天會有勇氣，能夠如他一般地瘋狂而膽敢超越「世間八法」*（eight worldly dharmas），對別人的讚譽或批評都毫不在乎。在現今的世界，這種態度是終極的瘋狂。大家愈來愈認為，當自己受到欽羨或讚美時應該感到快樂，受到輕蔑或批評時應該感到不快樂。因此，那些希望被世人看成是正常的人，很難冒險飛出「世間八法」的巢穴。然而，聖者對此毫不在乎，因此從世間的觀點來看，會認為他們是瘋狂的。

本書體例

一、注釋：①為原注；❶為譯注。

二、名詞解釋：凡文中字詞旁標有＊符號者，都可於書末的「名詞解釋」中找到詳細的說明。

第一部 I

我們為何要修持前行？

第一章　佛法有什麼好處？　36
第二章　因乘與果乘　60
第三章　前行略說　70
第四章　你的心靈熱身　80
第五章　運用你的想像力　104
第六章　我們為何需要上師？　116

第一章

佛法有什麼好處？

佛法會讓我快樂嗎？

快樂，是形容所有人類共同目標的一個概略名詞。雖然我們每個人都想要快樂，然而「快樂」的意義以及如何去達到它，卻是眾說紛紜。

全世界數十億的人們都深信，快樂仰賴於自己擁有多少物質財富，他們夢想要過著一如好萊塢紅人、名流般的日子，以及所有搭配其身分的派頭，例如坐落於比佛利山的大豪宅，或使用工業用的烘乾機來烘乾一條手帕。然而，在真實的狀況中，只有一小部分的尋夢者能將自己擠進洛杉磯。而且，就算我們還可以找到其他類似的理想場所，若是上億的人都過著這種奢華浪費的生活，光是對生態所造成的後果，就會是一場浩劫。屆時不僅是這些尋夢者，連同地球上其他任何人，都無法再享有片刻的快樂了。

我有個澳洲學生道格拉斯（Douglas），他代表了另外一種版本的「快樂」。道格拉斯靠著政府的失業救助福利維生而毫無感激，「出離心」與「厭離輪迴」是他避免工作的藉口。雖然他算是個佛弟子，但是深植的怠惰心以及缺乏個人的責任感，造成他縱然擁有很多空閒時間，他也不修行。像這樣不必工作，又靠著別人的善意過日子，似乎帶給他某種喜樂的感覺。但是像道格拉斯這種人的問題，在於他們習慣了依賴政府救助過日子之後，就會變得麻木不仁，開始認為這種無止境的財務補助是自己應得的權利。很多所謂的「佛法修行者」都屬於這一類，特別是在有慷慨社會福利制度的西方自由社會中，他們就如同道格拉斯一般，也利用佛法當作避免工作與責任的藉口，這是錯誤的。他們為自己所炮製的輪迴版本，比起喜愛悍馬（Hummer）的物質主義者之輪迴版本還要糟糕，因為他們利用佛法將它做了精巧的偽裝。

因此，在開始追求快樂之前，很重要的是必須先定義什麼是「快樂」真正的意義。對於那些喜好奢華的火紅名流或無所事事的浪蕩子，我會說，要想達到你們所認定的快樂，佛法是毫無用處的。然而，如果你「快樂」的概念是要超越世間的喜好與欲望，而不只是名利的追求，那麼佛法也許就是你在尋覓的東西。

培養「出離心」

如果世俗的快樂並非佛法的目標，那麼，是什麼東西讓人想要投入於修行？一個富裕、開心又有強大個人安全感的人，很可能不會動念要踏入心靈之道。當然，每個人——甚至富有的人——都會經驗到短暫的悲傷或無助，也都可能有過衝動想要掉頭拒絕這個世界能夠提供的東西。然而，這都不是真正「出離心」的經驗，它與憂愁、無聊比較有關，就如被寵壞的小孩厭煩了玩具似的，我們只是迫切地需要一些改變而已。

蔣貢・康楚・羅卓・泰耶曾說，如果你的內心深處仍然相信輪迴中有某個小部分可能還會有用，或甚至能對世俗問題提供究竟的解答，果真如此，你就很難成為一個真正的心靈探尋者。若是相信生命中的問題會自動解決，相信一切損壞的東西都會自動修補，相信在輪迴中有某些事物是值得奮鬥的，那就不可能培養出一種真誠的、完全投入的態度來修持佛法。對佛法修持者唯一有用的見地是：痛苦沒有解答，輪迴亦無法修補。

當我們思惟死亡時，就很容易持守這個見地，因為死亡是絕大部分人類最恐懼的事情。從另一方面而言，「生」卻會引起非常不同的反應，畢竟，「生」不就是關於美好未來的希望與允諾嗎？然而，像印度學者龍樹*（梵Nagarjuna）這種聖者就不這麼想，龍樹認為「生」與「死」同樣的可怕，因為「生」意即回到輪迴，佛法修行者應該恐懼它，恰如恐懼迫在眉睫的死亡一般。

龍樹在《親友書翰》(*A Letter to a Friend*)①中說道：

如是漂流生死處　天人畜及阿蘇羅
下賤業生眾苦器　鬼趣兼投捺落迦(即地獄)❷

(輪迴如是，因此我們投生為天人、人，或為地獄中的眾生，或為鬼、畜生；但你應知，「生」是無益的，它是眾苦之器。)

生緣於老死　憂病求不得
輪迴大苦蘊　斯應速斷除
如其生若滅　眾苦珍無餘❸

(一旦有了「生」，伴隨而來的是難以言喻的憂悲、疾病、衰老、欲求不得、死亡、衰頹等。簡而言之，輪迴是苦的聚集。設若能停止「生」，這一切的苦就不會再生起。)

很重要的是要瞭解，這世俗的一生或即使是其中的一小部分，也許會看似有正面的品質，然而它終將失敗，因為在輪迴中絕對沒有任何事物會真正的成功。雖然這種心態非常難以培養，但是如果能夠至少在智識的層次上去接受，它就會提供我們步入心靈之道必要的誘因(其他的誘因包括：試圖去糾正世俗系統而愚弄了自己，或因而糾纏於其中無法脫身)。然而，從根本上而言，只有真正領會到輪迴其實是多麼的毫無希望且缺乏目的，初

①《親友書翰》又名《龍樹菩薩勸誡王頌》(*Advice to King Surabhibhadra*)，是龍樹菩薩為他的朋友禪陀迦王傳講的教法。

❷《龍樹菩薩勸誡王頌》第一〇三頌，《大正藏》第三十二卷，頁753c。

❸《龍樹菩薩勸誡王頌》，第一一一頌，《大正藏》第三十二卷，頁754a。

學者才會在心中生起追隨心靈之道的真正願望。

如同釋迦牟尼佛以極大的悲心與勇氣，對一位獨裁的國王解釋四種無可逃避的事實，它們終將摧毀一切有情眾生：

（一）我們都會老去而衰頹；

（二）一切事物都隨時在改變，這是絕對確定的；

（三）一切我們所積聚或成就的事物，終會潰散；

（四）我們終究免不了一死。

然而，由於我們強大的情緒與習氣，因此，即使真諦就在面前直視著我們，我們也看不見。

除了認知輪迴的徒勞無功之外，修持佛法的要點在於它藉由促使我們捨離「世間八法」，因而能穿透我們的心，並減少我們對我執與世俗生活的執取。我們的修持也應當能強化自己對真諦的虔敬心，增加自己對出世間法的重視，不違犯佛陀教法的重點，並完全地契合佛陀的究竟法教。如果我們所謂的「修持」無法成就上述這些重點，那就不是真正的佛法修持。

任何一種修持，不論它看起來多麼有益，或多麼「政治正確」，或令人感到振奮，如果它未能牴觸你執著於恆常的習氣，如果它狀似無害，卻鼓勵你忘卻無常的真諦與現象如幻的本質，那麼它帶領你所走的方向，終將與佛法完全背道而馳。

偉大的吉美・林巴（Jigme Lingpa）❹說，當你修持佛法時，如果毫不費力就變得富裕的話，那你應該供養火供或做水供、薈供*（tsok）等供施；如果你變得有名而吸引許多追隨者的話，那你就應該將他們引導到佛法的修持上。雖然特意去討好有財有勢者並不具任何意義，但是如果這麼做能讓佛法利益某些眾生，或出現某些善果的話，就無須去得罪這些人。更準確地說，以無上的佛法做為指引，就如同身為國王一般；一切所想都只是佛法，會讓一個凡俗的人生變得殊勝；修持菩提心遠勝於修持一般的宗教；而歇息於本然狀態中，遠遠超過安住於任何一般的見地。

他同時也指出，雖然擁有人身就如同發掘到如意寶一般，但我們也必定注意到，許多人都未曾經驗過「傷悲之心」，因而浪費了自己珍貴的生命。雖然得遇上師比受封王位更值得慶祝，但我們也必定注意到，那些缺乏虔敬心的人視上師是「不淨」的，因而糟蹋了自己的好運。雖然一瞥「當下心」（this-moment mind）就如同親見佛陀一般，但我們也必定注意到，那些缺乏精進的人讓自心遊蕩而入於散亂。

❹吉美・林巴（Jigme Lingpa, 1729-1798）被認為是無垢友（Vimalamitra）、赤松・德贊王（Trisong Detsen）與賈瑟・拉傑（Gyalse Lharje）三者合一的化現。

培養面對真諦的意願

大多數的人在必須面對真相時，總是容易心生怨恨，再從怨恨生出否定，最明顯的例子，是在自己不得不承認生命本質如幻或死亡事實的時刻。縱然死亡是無疑而普遍的真諦，但我們不肯去思惟它，卻習慣性地假裝它不會發生——這也是面對大部分其他令人不安的真諦而難以「下嚥」時，我們所採取的態度。

真誠地希望成為佛法修行者，很重要的是要培養擁抱真諦的意願與開放的態度，而非心生怨恨，因為佛法就是真諦。佛陀直截了當、不加渲染或掩飾地述說了真諦，不論是針對無常真諦的恐怖、煩惱的折磨、世界的如幻本質，以及最重要的、深廣的「空性」（梵shunyata）真諦，他都從未給弟子們玫瑰色的眼鏡片來柔化它們。所有這些真諦都不容易理解，甚至也很難讓人願意去理解，特別是對於習慣以情緒的滿足與世俗的快樂做為目標的心靈而言，更是如此。因此，若有人得以聽聞空性的教法，而且在智識上、實際上、情緒上都能容忍的話，這就是他們與佛法真正有緣的徵象了。

如何珍惜佛法真正的價值

要學習珍惜佛法真正的價值，第一步就是要真誠地承認並全然接受這兩件事實：輪迴是無藥可救的絕症，而且我們都深受其苦。這個病症雖然讓人虛弱、昏沉、失去任何自我控制的能力，但我們仍堅信自己能處理並指使生命的每個面向，我們深信一切都在自己的掌控之中。事實上，我們當然完全無能為力，而且除非理解並承認自己病況嚴重，否則要真正珍惜佛法是無望的。每天自我提醒上述這兩件事實是個好方法，一如病人需要定時依循醫師的處方進行治療，而且藉由這麼做，你將扎下「謙卑」的基石。

一旦真心接受自己是虛弱、有病的，就會自然生起尋得療方的動力，因而引導我們培養出「追尋之心」（seeking mind）。積極地尋求療方非常重要，特別是在我們展開心靈旅途時，「尋覓」往往比「尋獲」更為重要。在整個過程中，我們的老師就是自己依賴來診斷病症的醫生，而他的教法就是開立給我們治療的處方。但在此末法時期，很少人能如此地看待自己的狀況；相反的，我們對自己顯然健壯的身體，以及得以擁有一切生活所需（甚至更多）而感到驕傲。正如康楚仁波切所指出的，在優先順序上，我們一向都把佛法排在最後。因此之故，如果讓我們選擇一口裝滿了深奧佛法教法的大箱子，或是一只裝了致富聞名必需品的小皮包，多數人都會寧願選擇後者。

也許你會以為，一旦完全了知自己病了，想要找尋療法的急迫感，就會讓我們沒有太多時間做其他的事。但是對某些人而言，他們對佛法的渴望，是一輩子都在心靈之道上「瀏覽櫥窗」所使用的藉口。很遺憾的，具有這種心態的人，常都被那些有意避免任何苦修，而且號稱具有快速、無痛心靈答案的宣傳所欺騙。雖然善逝（Sugata）❺的大樂之道（佛陀所指引的心靈之道）並不鼓勵具有自我摧殘傾向的苦行，例如自我鞭笞等，但毫不費力的心靈之道是不存在的。不幸的是，以修持佛法為名的「心靈櫥窗瀏覽者」對自己所聽聞、閱讀的教法總是漫不經心、不加分辨，甚至連花點力氣去影印一頁純正佛法的好奇心與興趣都付諸闕如。他們從未想過要將所聽聞的教法付諸修持。

＊怙主頂果．欽哲仁波切（Kyabje Dilgo Khyentse Rinpoche）曾說，一般人與非凡的人都如此，甚至有些喇嘛與轉世祖古也都想以簡單的方法來修持佛法，而不想忍受太多的辛苦。雖然他們應該比別人更瞭解，但是他們對領受到的珍貴法教卻鮮少感到珍惜，或做任何形式的供養，更不用提身、語、意或獻身命的供養！他們喜歡那種無須立下任何承諾的法教，而且不但不積極尋覓上師或創造修持所必要的因緣，反而期待這些都應該自動上門才對。

克服貧困的心態

我們許多人都自覺心靈貧困，根據康楚仁波切的說法，這是因為我們從不停止對舒適與快樂的欲求之故。除非克服這種貧困心態，否則我們大部分的心力永遠會忙於想要確保

❺善逝（Sugata）字義為「已達快樂」、「佛」，即以菩薩乘快樂之道抵達快樂果位——圓滿的佛果。

更多個人的舒適與快樂，如此一來，要放下任何事情都很困難。甚至連那些自認的心靈修持者，都會發現自己無法做到放棄個人舒適與快樂所必要的那種超乎常人的嘗試。

在此的問題是，從表象、世俗的層面上來看，一切心靈之道的事物——特別是佛法——都似乎毫無用處，而且全然浪費時間。我們是實用主義者，我們喜歡建造能讓自己舒適且快樂地居住於其中的房屋。因此，建造一座沒有臥室、廁所或任何功能的佛塔，會讓我們覺得純屬浪費。但是，就如同康楚仁波切所說，若我們仍然對於「世俗的價值與理想可能有點用處」的想法有些微執著的話，我們就很難去從事如心靈修持這種明顯看似無用的事，而且要切斷與世俗價值綑綁在一起的習氣，尤其是與物質財富有關的習氣，基本上是不可能的。

吉美．林巴曾說，在此末法時期，人們以追隨上師的弟子人數多寡以及寺院對其弟子們的影響力大小，來衡量佛法的興盛與否。然而，從純正佛法的觀點來看，「財富」有著完全不同的意義。對佛法修行者而言，「財富」不是金子、銀子或銀行存款，而是「知足」，是你認為自己已經足夠、別無所求的那種感覺。吉美．林巴更說，雖然出離者或許不必然會渴求更多財富，但他們可能會渴求名聲。他警告修行者，這比渴望財富還更糟糕。

要貪求「聖財」

我們不論是渴求世俗財富或「聖財」（noble wealth），兩者都得之不易。我們為了獲得世俗財富付出多少努力，為了聖財——出離心、慈愛心、虔敬心與大悲心——更應該加倍努力，特別是在心靈之道的初期。

怙主頂果．欽哲仁波切曾說，佛法修行者對於他們所領受、研讀、修持的教法數量，永遠都不應該覺得滿足，因為「法財」（wealth of dharma）是唯一值得擁有的財富。往昔有為數驚人的上師、聖者、學者，他們完全瞭解這個真諦而心甘情願地以生命換取一句法語。他們也充分理解，當我們臨終時，雖然必須放下自己的身體、家園與銀行存款，但佛法卻是我們可以帶著走的唯一財富。

如果你憧憬聖財，而且想要自己擁有一些的話，首先需要一些基礎訓練。很實際來說，生起對心靈之道的真心喜好，就如同曇花一現般地稀有，因此，以它來確保心靈的未來是不夠的。而真誠、由衷的啟發與渴望也極為稀有，你可能一輩子都等不到一次這種經驗。生起對輪迴真正的厭離與反感，也同樣非常稀有，由於這些感受都不容易自動生起，你必須去造作、製造它。因此，對於心靈之道的新進者而言，一個首要的工作就是調整自己的基本假設，然後偽裝它！

將輪迴「裝作」是令人厭惡的，一開始可能會感覺奇怪又不自然。但是，經由一再地修心來接受這個事實，真正出離的感受終將在你心中培養出來。虔敬心、信任心、自足感、傷悲之心也都是如此，一旦你造作、強化這些情緒的時間夠久，它就會自動變成真的。因此之故，初學者要能安於接受自己大部分的修持都以「偽裝」做為基礎。

聽聞與思惟佛法

彌勒菩薩在《寶性論》（梵 *Uttaratantra*）中，禮讚智慧超越一切。他說：

入禪定消三界火　已勝梵天最上位
不若受持一句法　所生淨福勝禪定❻

（設若有人其禪定能消除三界一切煩惱火，並已達梵天境界之成就，甚至進而能做為獲得無上正等正覺的修持方便。又有人僅聽聞此法一言，卻充滿信心，此人所得的福德更勝禪定之福德。）

布施唯能得享樂　持戒唯生天界中
禪定能除煩惱苦　二障唯般若能除
是故般若為最勝　彼因則為聞此法❼

❻談錫永譯，《寶性論梵本新譯．後分》，第一五八頌，頁228（台北：全佛，二〇〇六年）。

❼談錫永譯，《寶性論梵本新譯．後分》，第一五九頌，頁228。

（何以故？布施僅能帶來財富，持戒能引導我們投生善道，禪定能袪除煩惱，然而只有般若（智慧）才能完全去除煩惱障與所知障。因此，般若是最殊勝的，而研讀此法即是般若之因。）

對於我們而言，輪迴一直是如此精密而完美的呈現；但藉由聽聞佛法，我們開始發現其本質上隱藏的過患，以及其令人訝異的脆弱性。同時，隨著輪迴的真相漸次地暴露出來，我們也開始發現涅槃並非一如先前所想像的那般無聊或難解。相反的，涅槃殊勝的力量與功用，突然變得非常明顯，讓我們開始更能分辨有價值的行為與傷害性的行為。

對於想要獲得證悟的人而言，雖然聽聞佛法是不可或缺的方式，但它並不容易，因為聽聞一系列的話語是一件事，而要全然瞭解所聽聞的內容，又是另一件事，這完全要依賴自己到底積聚了多少福德而定。

依自己的能力而修持

大致而言，我們修持什麼，以及修持多少，基本上都取決於我們的能力、工作與家庭狀況，以及有多少時間可以使用。這些都是完全有效的準則，因為是佛陀本人所認許的——就如某個村裡屠夫的例子。佛陀在世時，允諾一個屠夫不在夜間殺生的發願，但為了維生之故，他仍在白天殺生。最後的結果是，這個屠夫後來投生於一個近邊地獄中，他在那裡，白天受盡痛苦的折磨，而一到夜裡就享樂無盡。

在這則故事中，佛陀告訴我們，雖然此人以殺害牲畜為業，但職業並不能阻止他或跟他同樣的人成為心靈修行者。然而，關於佛弟子最大的一個誤解，就是我們若非成為如密勒日巴*（Milarepa）般的隱居瑜伽士，日復一日、經年累月地修持，否則就必須成為僧眾。如果屠夫都能成為修行者，那麼士兵、漁夫、娼妓們也必然可以。事實上，任何人都可以是佛法修行者，不論你的生命狀態、生活方式如何，沒有任何事物能阻止你修持佛法。而且，縱然大部分的人都無法完全做到教法所勸導的行止，但是若能養成一、二個行為或態度，你的生命就會有很大的不同。因此，一個人是否必定要成為比丘、比丘尼或瑜伽士才能做為佛教徒？絕非如此！

有關這個屠夫的故事，其中有個面向也許需要加以澄清。如果我們誤以為佛陀要求屠夫夜間不殺生是在認許謀殺，那就錯了，這完全不是如此。發下誓願只是一個踏腳石，藉此引導屠夫到一個無須以殺生來維生的狀態。事實上，一切佛教的修持都有如在證悟之道上的踏腳石，其本身都不是終極的目的。例如，佛陀教導比丘們觀修「不淨」，觀想女性只是由血、膿、肉、尿、屎等基本生理組織所組成，這並非認許貶低所有女性，而是用來幫助比丘們遠離一己的欲望，他絕對不是要將比丘們都變成厭女症者（misogynist）。

一般而言，佛法總是相當寬容的，而且當你踏上佛教之道的第一步時，也會根據自己許可的狀況能做多少就做多少，這也理當如此。如果受到佛法吸引的人，立刻就因為必須出家或接受上百條誓戒而放棄的話，那就太遺憾了。

誓戒

做為初學者，如果你對自己有信心持守的一、二件事立下誓戒，會是很好的開始。例如，試著發願絕不奪取人命，這是相當容易做到的事，因為在我們之中，即使最不持守戒律的人也不太會養成殺人的習慣。如果你未曾立下這個誓戒，雖然你不太可能會因為違犯殺戒而積聚惡業，但也不會因為不違犯殺戒而積聚善業。可是一旦你立下誓戒之後，在你不殺害任何生命的每一剎那，包括睡覺或上網的時間，你就時時刻刻都在積聚善業。因此，選個容易做到的誓戒當作開頭，然後隨著勇氣與熱誠逐漸增長，你就可以增加誓戒，例如發願要永遠給他人忠告，或不生起分別心等。

我們要永遠記得，佛教修持裡的誓戒，只是佛法千百種方法中的一種，本身並非目標，你是否應該做此修持？當然應該！我非常推薦大家這麼做，因為薩迦*．班智達（Sakya Pandita）說，立過誓戒與未曾立過誓戒的人，兩者的差別就如同擁地耕種的人與擁地而任其荒蕪的人一般。

從幻相與迷惑中解脫

如同佛陀在《金剛經》（梵 *Vajracchedika Prajnaparamita Sutra*）中所說：

一切有為法
如夢幻泡影
如露亦如電
應作如是觀 ❽

從佛教的觀點來看，我們生命中的每個面向、每個剎那都是如幻的。根據佛陀所說，它就有如你看見虛空中有個黑點，但不清楚它是什麼，在用力注視之後，終於看出那是一群飛鳥。它也像空谷中清楚的回音，其聲音就如同有人真的在對你呼喊一般。生命只不過是感官幻相的相續之流而已，從顯而易見的名聲與權力，到比較不易分辨的死亡、流鼻血或頭痛等，都是如此。可悲的是，大多數的人都相信他們的眼睛所見，因此佛陀所揭櫫有關「生命的如幻本質」的真諦，讓大多數的人都難以「下嚥」。

當了知我們所見到的、所經驗的一切都是幻相時，會發生什麼事？當解除那些幻相之後，留下來的又是什麼？從幻相中解脫，就是將虛妄的顯相（perception）❾所帶來的一切

❽《大正藏》卷八，頁752c。

❾顯相是指根據個人不同的習性與精神修行的發展，因而在眼中顯現者。引用巴楚仁波切所說，有三種顯相：（一）染污顯相：六道眾生由於誤解而自其意識中生起的顯相，又稱為「情器的不淨染污顯相」。（二）緣起、幻化的顯相：對於八種幻喻，行者不執其為真實，這是十地的諸菩薩在其座下時

限制完全去除，從而全然轉化我們的態度。因此，「解脫」意指從誤認幻相為真實的迷惑中解放出來。然而，重要的是，我們必須「想要」解脫，必須「想要」獲得證悟。只有在培養出對證悟真誠的渴望時，我們才會自動地在世俗層面上學習如何「不想要」具有野心。這種渴望不易生起，但是如果缺乏它，毫無目標地踏上心靈之道是絕無意義的。

世界上有上百萬的人，對某種形式的禪坐、瑜伽或眾多被廣為宣傳的所謂「心靈」活動有興趣。仔細檢視人們參與這些修練的原因，就會發現他們的目標並非為了從迷惑中解脫，而是迫切地為了逃避忙碌且不快樂的生活，而渴望健康、無壓力且快樂的生活。然而，所有這一切都只是浪漫的幻相而已。

既然如此，那麼這迷惑的根源在何處？主要是在我們的習氣，以及與習氣連帶的行為。當然，沒有任何精神正常的人會自願活在幻相中。然而，我們是一種矛盾的生物，縱然已經確信自己應該棄絕一個建立於自我欺騙的生命，我們卻仍然緊緊抓住造成無盡迷惑的習氣。難怪往昔的大師們會說，雖然每個人都渴望免於痛苦，但大部分的人都不願意放下；雖然沒有任何人想要痛苦，但我們却發現自己無法不被輪迴所吸引。

持續的存在

過去、現在、未來三世是連續現象的顯現，只有能接受這種看法的人，心靈之道對他

的顯相。（三）真實、圓滿、智慧的顯相：當行者已證悟一切事物的本然狀態時，外境與眾生都顯現為三身與智慧的示現。

們才有重要性。無法相信這個真理的人，追尋心靈之道是毫無意義的。

佛經上將「轉世」比喻成師生之間的關係。一位音樂老師教導學生如何歌唱，學生從直接的指導經驗中受益而學會歌唱的技巧，但老師並未從自己的喉間抓出一首歌來塞入學生的口中。「轉世」與此類似，它是我們所學一切的延續，就如同以一支蠟燭點亮另一支蠟燭，或一張臉龐與其鏡中的反射一般。

如果沒有持續的存在，或換句話說，如果我們其實都只活一次，沒有「轉世」這種事的話；或如果像許多「新時代」心靈修持者所說的，不論你是山中隱士、布朗克斯區（Bronx）的浪人或野心勃勃的紐約銀行家，當你死亡時都與天地元素融合歸一的話，那麼，修持佛法或任何其他心靈之道有何意義可言？為何要花上許多小時坐在蒲團上？為何要限制自己不去盡情享受一切世間美妙的事物？為何要捨棄任何一切可得之物？

我們修持佛法，是為了切斷生命輪迴的無盡輪轉。如果在死亡的當下，它自動就被切斷了，那我們何須追隨心靈之道？我們大做文章地說釋迦牟尼佛在菩提樹下成為「證悟者」，正是因為他終能切斷生與死持續的幻相。如果這在死亡時會自然發生，如果在醫生關閉維生系統時，輪轉的存在就自動斷除，那麼，為何我們不在此刻就自己結束生命？然而，在西方有許多自稱學者、導師及號稱追尋證悟的人，就持有這種看法。如果他們真正依循自己的理論去做邏輯結論，他們應該現在就舉槍自盡！

除此之外，「業」與「轉世」幾乎是同義字，而且兩者都不易理解。要確實瞭解其意，我們先要理解佛教「空性」的觀念，至少是在智識層次上的理解。

佛性：培養「最糟的染污也能洗淨」的信心

踏上心靈之道的我們，應該把自己頑固的煩惱看成有如昨晚未洗的骯髒碗盤。一開始，這一大堆碗盤看似真實而令人感到恐懼，當你想到這麼巨大的工作量，加上自知無力處理它時，就會很容易掉入極度無望的心情。然而，不論這些剩菜殘餚看似如何地緊緊黏住於碗盤、刀叉上，你一定要記得，只要用點熱肥皂水就能洗掉它，碗盤、刀叉也會再度潔淨如新。因此，與其讓外相征服自己，你應記得染污是可以被移除的，這會讓自己具有信心，而且追隨法道的整個過程也會變得幾乎是愉悅的。

瞋恨、嫉妒、憍慢等感受來來去去，雖然我們所有的情緒狀態，甚至所經歷的生命都是如幻而短暫的，但是我們仍誤以為它們是恆常而無止盡的。很諷刺的是，我們不僅看不透這些迷惑，也看不見唯一恆常持續、永不過時的元素——佛性。雖然它與自己是如此地貼近，甚至可能就在鼻尖之前，我們就是注意不到它，反而執著於所有不真實存在的事物，例如創造出「我」這個幻相的諸蘊，還把「苦」與「苦因」誤認為快樂。我們擅長建構將自己束縛於輪迴的羅網，卻無力拆解它——即使我們想要，也沒有能力辦到，更何況我們其實並不想要這麼做。

例如，我們求學獲取資格而找到工作，不僅為了餬口，也為了強化自我存在的穩固信念。我們與友人交往，並非因為性喜群聚，而是為了一旦感到不安或寂寞時，有人可以保護或安慰自己。我們訂婚，使得彼此的關係比光是約會更加堅實；繼而結婚，則是期望兩人的關係因此更加有保障；更理想的是再生個孩子，因為孩子終於會讓人感覺家庭能恆久維持。

廣義而言，我們提倡民主的概念以做為達到自由的方式。然而事實上，這只是另外一個鎖鍊——我們投票選上大位的人，以我們之名做出災難性的決策因而桎梏我們，不僅毀損自己的國家，還造成世界其他國家經濟與環境的大災難。這些，就是我們將自己綑綁於輪迴的方式。

正念

問題：散亂

大多數的人都知道瞋恨是一個問題，憍慢、嫉妒也是如此；但事實是，所有的情緒都以某種方式造成問題，並且各個都具有不同的特性，例如貪愛就與瞋恨截然不同。然而，所有的情緒基本上都從同一個根源——散亂（distraction）——生起。什麼是「散亂」？它顯然不只是打擾靜坐的惱人電鋸聲或喧鬧的印度歌舞樂曲而已，在較深的層次上，由於期望受到讚美或害怕遭到責怪等的影響而生起的任何情緒反應，或它們更微細的形式，例如恍神、分心、發呆、易怒等，就是「散亂」。

解決方式：正念

既然我們的根本問題是「散亂」，那麼解決方式就是保持正念（mindfulness）。培養正念的方法有無數種，但歸納起來都離不開「止」*（梵 shamatha）與「觀」*（梵 vipashyana）這兩類修持。修持「止」，重點是在讓心柔順，但僅有柔順的心並無法根除輪迴。所以，我們需要見到實相，這便是修持「觀」會如此重要的原因。

遺憾的是，要保持正念很困難。主要是我們缺乏培養正念的熱誠，而且渴望散亂的習氣既深固又頑強。因此，對佛法修持者而言，培養出離心與認知輪迴的過患是非常重要的。這兩者也是佛教「修心」法的核心。

往昔的大師勸誡我們應該不斷提醒自己下列三點：死亡迫在眉睫；我們的世俗活動是徒勞無用的；以及最壞的消息是，輪迴之苦永無止境。你只要環顧四周，就可以看到這個世界不停製造出愈來愈多相同的東西，而其結果就是無止盡的辛勞與無可忍受的痛苦。難怪偉大的上師們都指出，能在飲一杯茶的時光中保持正念所積聚的福德，比多年修持布施、持戒與苦行的福德還多。

持戒、禪定與智慧

蔣貢・康楚・羅卓・泰耶曾寫過，他祈願能獨自成就菩薩廣大無邊的事業，而無須與阿諛奉承的僕役打交道，或去降服敵人，或去忍受友人眾多的負擔。他祈願：「願我能長時獨處而調伏自心。」

康楚仁波切在此所說的「調伏自心」，是屬於釋迦牟尼佛的教法中，有關戒律、定於一境與智慧的「三增上學」*（Superior Threefold Training），這也是保護我們不受魔羅五毒箭攻擊的絕佳方式。經典告訴我們，魔羅（佛教的「魔鬼」）是一個鬼計多端的角色，而且是個神射手。為了避免成為魔羅五種毒箭的標的，我們需要極大的努力，因為他的每一支箭都對準了我們最脆弱的要害。

- 第一支箭瞄準「憍慢」的人，他們對於自己的成就或物質與精神財富感到非常驕傲。
- 第二支箭瞄準「愚痴」的人，因為他們對何種行為與態度需要捨棄或需要培養，毫無任何概念。
- 第三支箭針對具有「邪見」的人，例如不相信因、緣、果的人。
- 第四支箭針對那些由於失念（forgetfulness）而持續散亂，以致無法保持正念的人。
- 第五支箭是刺中那些因「世間八法」而散亂的人。

做為一個修行者，最好是別張揚或暴露自己的弱點，以免它們成為魔羅的標的。因此，必須學習自我保護，我們可以利用下列幾項做為盔甲來穿戴，或巧妙地自我掩護：

（一）以「持戒」來抵制情緒或令其動搖。

（二）以「禪定」來調伏情緒，讓它們不會一被攪動就跳出來而無法控制。

（三）以「智慧」來根除所有的情緒。

以持戒自修，能淨化惡行與錯誤的念頭；以禪定自修，能穩定正確的見地、發心與行為；以智慧自修，能讓我們解脫無明之根。

如果能檢視某人在一天中內心生起的所有不同情緒的話，我們或許就稍能了知，有情眾生可能感受的情緒之數量與種類多到如此地無法想像。佛陀對這每種情緒都一一提供了對治或修持的法門。對於想要逃離痛苦的人，佛陀教導聲聞乘教法；對於渴望逃離輪迴生命的各種極端、對涅槃沒有興趣，反而珍惜幫助一切有情眾生獲得真正快樂的大願者，佛陀教導菩薩乘（梵bodhisattvayana）教法。這兩乘都是完整的法道，能究竟引導修行者自迷惑中解脫出來。

第二章

因乘與果乘

不論佛陀在何時、何處教導佛法，他的聽眾總是由各種各樣的人所組成。由於個別根器、喜好與個性不同，導致他們聽聞佛陀教法時的領悟也各有不同。因此，雖然佛陀本人未曾創設目前存在於佛法中的各種學派與傳承，但隨著時間的演變，教法就發展出了許多不同的「乘」*（vehicle）。於是，過去的學者們為了簡化，就開始將這些「乘」分門別類，而其中一種分法，即是將佛陀的教法分為「因乘」與「果乘」兩種。

因乘

我們理解佛陀教法的程度有多少，完全依賴自己的態度與能力；而對大多數的人而言，所謂修持的「果」這個概念是難以理解的。因此，為了鼓勵我們，以及鼓勵所有對心靈修持結果只能吸收模糊的智識印象者，佛陀教導了以「因」為取向的法道。這種以「因」為取向的法道包含聲聞乘、緣覺乘（梵 pratyekabuddhayana）與菩薩乘，這些法道診斷我們的症狀，並建議我們應該採取的適當療法。

根據聲聞乘與緣覺乘的教法，「苦諦」指出這世俗、輪迴的世界是不淨的，因此，從邏輯上而言，心靈追尋者應當要嘗試脫離它。除此之外，菩薩乘教導我們，輪迴在相對（世俗）的層次上是不圓滿的，但也同時指出，在究竟（勝義）的層次上它的本質是空性。因此，與其盡全力來逃避輪迴，菩薩應專注於願菩提心等的修持，並且掌握住每個能幫助有情眾生的機會，即使必須跳入輪迴的深淵也義無反顧，就如天鵝潛入蓮池深處的泥淖中一般。

果乘

另外，有些人能接受不可思議的想法，也能相信無法想像的實相。他們勇敢、膽大，而且對自己跳出框架的思想與行為一點也不難為情。對他們而言，果乘比較適當，因為它包括類似早餐過後清洗碗盤的這種「以果為取向」的行持。

如我們先前談過的，當你每天清洗碗盤時，不論沾黏在上面的殘餘麥片是多麼地又乾又硬，但在吃早餐之前碗盤是潔淨的這個事實，一定代表在吃過早餐之後，它有可能會再度潔淨。所以你相信那髒污是暫時的，而且當它再被清洗之後，一個本自潔淨的碗盤就會顯現出來。因此，清洗碗盤被形容為一個以「果」為取向的行為。

那麼，「相信無法想像的實相」又是什麼意思呢？在《赫魯卡重要續》（*Heruka Galpo Tantra*）中，對此做了非常精要的結論：因乘的說法，是針對有情眾生具有成佛的「潛能」，而在果乘中，眾生已經「是」佛了。然而，假設有人堅決說不只你是佛，而且其他任何一個有情眾生都是佛，你會相信他嗎？如果你認為自己會相信，那麼你該知道，你的看法若不是太天真且傾向新時代派，充其量只是確信對方有極度的清淨顯相（pure perception）而已。然而，以後者來做為你「相信」的理由，是有點薄弱的。事實上，要對「我們都是佛」培養出真正的理解，唯一的方法即是追隨金剛乘法道。

「道」即是目標

在理論上，從一開始，果乘的修行者就會運用（或至少想像自己在運用）「因」與「果」合而為一的方法。在此，「想像」是指雖然你似乎在從事證悟的「因」，但是你已經看見其「果」——證悟本身。以煮蛋為例，一顆尋常的蛋看似一顆蛋，而不像煎蛋卷（omellete），但是如果你打算做個煎蛋卷，在你心中就先有個形象了。所以，即使還未煮過的蛋看來一點都不像煎蛋卷，但是由於你已經觀想好蛋煮成之後的樣子，其結果就會是個煎蛋卷。這就是「以果為道」的例子，而且是迫使「因」更快成熟的方式。

另外還有一些例子。例如，液態的牛奶雖然看起來一點都不像一塊固態的牛油，一旦經由簡單、動態的攪動而轉化，雖然形態改變了，但它還是牛奶。水與冰也與此類似，兩者看似完全不同，然而本質上都還是水。

這個方法的無數利益之一，是它讓弟子們在修持時有所激勵，而且讓他們建立「道即是目標」的信心與理解。

綑綁輪迴眾生的事物，也能解脫眾生

密續法本告訴我們，妄念只能由妄念所征服，而生死輪轉也只能被生死輪轉所解構。偉大的薩拉哈*（梵Saraha）也指出，綑綁愚者的事物正能令智者解脫。對此真諦，若是追隨佛法者因缺乏膽識與開放的心胸而無法掌握的話，他們修行的道途就會既長遠又崎嶇，可用的方法將會極為有限，而且修道的過程也會既艱難又痛苦。

然而同時，你也不要欺騙自己，認為自己擁有上乘的根器與能力，只要運用金剛乘殊勝的法門就已足夠。從一開始，往昔偉大的上師們就一再提出警告，雖然我們應該以修持果乘做為目標，但絕對不應以為自己更高於因乘的聲聞乘與菩薩乘。我們應該外修聲聞乘、內修菩薩乘、密修金剛乘。

以如此的方式修行，會帶來極大的利益。例如，有人看見你修持聲聞乘，可能會受到啟發而開始修持，並且激勵他們將出離、謙卑與簡樸當作功課。藉由修持菩薩乘，你會強化內在的勇氣與悲心，也可以免於自我膨脹的副作用。藉由持守自己金剛乘修行的祕密，你可以讓他人不至於任意評斷或中傷其法門，並避免任何因此而產生的各種常令密續名聲蒙塵的負面後果。

有些人本身尚未具足修持密乘（梵 tantrayana）的能力，卻又為了引人注目，到處張揚自己是密乘修行者。這種人不僅自我摧毀心靈之道，更封閉了啟發他人之門。雖然人們可以試圖將毒藥觀想為良藥而服用，但那些缺乏孔雀化毒為藥能力的人，如果這麼做，就必定會死亡。畢竟，釋迦牟尼佛不以備有華麗宮殿、環繞眾眷、莊嚴瓔珞之報身相示現，而選擇以穿著袈裟、赤足而行的安詳外相出現在這世上，必定有很好的理由。

利用此身做為法道

聲聞乘修行者的法道是戒律之道，他們以不同的修持來持守身體的戒律。包括從禁止邪淫、剃除鬚髮，到禪修時端身正坐、以鼻呼吸，並以專注於氣息進出來控制呼吸等。

菩薩道的追隨者也利用身體來修習戒律，除此之外，他們還以身體來從事大悲的事業。對菩薩而言，身體是很有用的配備，至少在目前是如此，雖然他們並不像金剛乘一般，把身體的形色、元素、功能、需求等看成是修持上不可或缺的工具。事實上，菩薩乘常常認為身體是個負擔。如同寂天所說：

若僕不堪使，主不與衣食；
養身而它去，為何善養護？①

（如果僕人已經不再聽受使喚，主人也就不必供給他衣食了；倘若餵飽此身而它卻將離你遠去，你又何必把肌肉養得如此肥壯呢？）

既酬彼薪資，當令辦吾利；
無益則於彼，一切不應與。②

（既然已經餵養了我的僕人——身體，現在就要它來幫我做事；如果它不能利益我和其他眾生，那麼我就不再給它任何東西。）

念身如舟楫，唯充去來依；
為辦有情利，修成如意身。③

（應該把身體看成一艘渡越苦海的船筏，它只是我來去修善的工具罷了；然而，為了實現有情的利益，我仍應加以維護，以便利用它來修練成如意的清淨佛身。）

①《入菩薩行》，第五品〈護正知〉，第六十八頌。引自《入菩薩行譯注》，頁77。（譯按：本書所引《入菩薩行》偈頌與白話語譯皆出自釋如石所作《入菩薩行譯注》，高雄：諦聽文化，一九九八年。）
②同上，第六十九頌。（同上，頁77）
③同上，第七十頌。（同上，頁77）

金剛乘修行者對身體的態度，與聲聞乘、菩薩乘相當不同，後兩乘視身體為捨棄不掉的東西，而金剛乘卻視它為我們最便給的助緣。

由於菩薩乘的智慧與方便，因此在身體的使用上，比起聲聞乘所提供的方法，用途來得更大。有許多殊勝的故事，描述菩薩如何為了幫助他人而無私供養自己的身體，例如有位比丘為了成全瘋狂愛著他的女子而捨戒，或佛陀在他即將成佛之前的某一世，自願捨身餵食飢餓的母虎與幼虎等著名故事。

金剛乘修行者不只以此色身來服務他人，也在禪定修持中以它來扮演重要的角色。例如，為了強化修持，行者做各種手印、舞蹈，以及從事一般的飲食活動。從一開始，金剛乘的弟子就被教導如何理解身體的組成元素與能量即是「智」*（梵jnana）與「身」*（梵kaya，即指「本尊」）；他們也被教導「身」與「心」的界線若非不存在，也是極為微小。因此，要調伏這看不見、抓不著、碰不到又抽象的心，我們利用這個機會同時也去操控身體，這是很有道理的。而且，這樣做也會非常有效，例如倘若你從來不曾頭痛，但想知道那是什麼感覺，一者你可以去想像，或者也可以拿塊磚頭往頭上砸。第一種方法可能會花費一點時間才能熟練，而且不能保證你所想像的頭痛與真實狀況有多相似；但第二種方式無疑地會讓你有即刻且絕對真實的頭痛經驗。

為了確保所有潛在的弟子都能找到適合各自根器的教法，佛陀教導了這些不同的法道；然而，沒有任何一個法道比另一個更珍貴或更高深。大乘或金剛乘的弟子們常會輕視聲聞乘的傳統，這是一種令人唾棄的觀點，這種觀點等於是貶低佛陀親口的言教，視其比其他乘還低下。這些教法都是佛陀親口之言，怎麼會有一個比另一個「高」或「低」呢？這是不可能的！而且做為佛弟子，不論我們目前所追隨的是何種傳承，都應該發願將佛陀所有的教法付諸修持。

有個傳統的例子是，有人患了黃疸病，由於疾病之故，他看到的白海螺是黃色的。有一種見解主張此人應該看見白海螺才對，所以應該給他吃藥，以確保他能看到正確的顏色。在此，這個藥方就是以緣覺乘、聲聞乘或菩薩乘所提供的善巧方便之形式出現。

金剛乘則針對那些具有較大理解能力的人，提供一種截然不同的見解。這種見解認為，這個病人所感知的海螺顏色並無關緊要；重要的是，從一開始就將海螺是白色的事實引介給他。從那時開始，即使他持續地看到黃海螺，他也會記得海螺本來是白色的，在這個情況下，因為弟子們一開始就被告知病癒的結果是會看到白海螺而非黃海螺，因此金剛乘被稱為「果乘」。這種方式，讓許多弟子們在修持之道上感到信心強大並自在。

然而，多生以來，我們不斷地強化海螺是黃色的信念，因此很難接受這同一個海螺事實上是白色的。當我看著自己的手，看見彎曲的骨節、長短不一的手指、磨損的指甲，我知道所見的這一切就是自己無明的結果，也是執著於「我」這個概念的結果──基本上，我是「無明」的。如果我不是「無明」的，那麼我的手看起來會是完美的。但是，「完美」的手又是什麼呢？如果我們有可能描述、思惟、想像一雙完美的手，那麼很明顯的，它就不完美。也因為如此，這整個過程最難的部分就是要說服自己：所有的人本來就是圓滿的佛。

我們總是相信自己所見的一切，而我們所見的總是被一己的顯相所過濾。舉例而言，有個極度偏執狂的人，妄想並堅信有鬼魂房客住在他的櫥櫃裡。如果我們告訴他鬼魂只是他造作的想像，這完全幫不了他，因為他相當確信鬼魂存在。一個比較不費時且更有效的辦法，是善巧地同意他的看法，同意他的偏執幻覺是真實的，然後提供一個辦法來驅逐幻覺，譬如打電話給驅魔者（Ghostbusters）來驅鬼！

此外，有些人可能有能力視事物如彩虹，既生動甚至鮮明清晰，然而他們覺知其實並無任何東西存在於該處。對於這些人，金剛乘會告訴他們：對治之法並非與問題正好相反，而是與問題本身完全相同。這與我們一般的想法相反，如果問題是黑的，我們通常會期待它的對治法就是白的；或者，如果問題是筆跡，對治法一定是塊橡皮擦。然而，最強而有力的對治法，常常與它要解決的問題看起來完全相同。如同密續中所言，要把耳中的水去除，最好的辦法是倒更多的水進去。

第三章

前行略說

「前行」：一個誤稱？

不幸的是，「前行」的詞義會有些誤導，而且常被錯誤地解讀。修行者常會認為所謂「前行」，就意味著這些修習只不過是一系列需要盡快處理掉的障礙而已。就如學會了閱讀就無須再想到字母一般，他們認為一旦完成了前行的累積，就終於能沉浸到「真正」的修行裡了，這是很遺憾的。對許多其他修行而言，前行雖然是必要的先修功課，但倘若我們低估它，就會錯失它真正的意義與目的。

前行是一系列需要大量重複的修持，每項修持至少重複做十萬遍已經成為慣例，而且對於各個修持應該如何進行、需要何種素材與法器、應該如何做供養等，都有許多非常特定的教導。累積修持的數量是重要且有效的方法，特別是對於像我這種既懶散又缺乏紀律的人而言，有個預設的目標能幫我克服怠惰，因而終能完成一些有價值的事——這正是設定這種目標的初衷。做為修行者，我們必須用盡各種可能的方法，來嘗試訓練自己的紀律；而對於能夠閉關修行的人，把一天分成三或四個時段來修持，也是很好的方法。

巴楚仁波切告訴我們，由於前行是所有金剛乘修持的基礎，因此，它比所謂的「正行」甚至更為重要。如果前行只不過是通往更重要修持的一本護照，那麼一旦完成了必要的累積，偉大的上師們就不會再去修它了，但他們還是繼續這麼做。在怙主頂果．欽哲仁波切的晚年，當我跟他在一起時，我親眼看見他還是規律地修持《龍欽心髓前行》。由此可見，這是多麼重要的修持。

「金剛薩埵」（Vajrasattva）、「供養曼達」（mandala offering）與「上師瑜伽」都是金剛乘的修持法，而「皈依」與「生起菩提心」則通常被歸為聲聞乘與菩薩乘的修持。在這些修持中，你認為哪一項是不必要的？你會略去哪一項？答案當然是「沒有」。每項修持都同等重要，因為前行集結了諸乘的精華，囊括了修行者所有需要的修持，以及心靈之道上所需要的一切。

前行的結構

「皈依」是前行的第一步，而其目的是把我們從錯誤之道轉至正確之道上。一旦安全立足於正確之道，我們再以「生起菩提心」——整個菩薩道的體現，把自己從小道引導至大道上。接著，在佛法的甘露*（梵amrita）傾注於我們身、語、意的容器之前，必須先將它清潔與淨化，因此我們修持觀想上師為金剛薩埵。然後，為了增強對修持的領悟力與持續力，特別是要去完成它，我們必須積聚無量的福德，因此要「供養曼達」。最後，是修持「上師瑜伽」。唯一能夠迅速成就解脫的方式，就是證得心性，而這種領悟只能由心本身來證得。由於我們現在的心僵硬、散亂又迷惑，需要加以訓練；但是追隨比較一般的方法，會花費長達數劫的時間，而且光是生起必要的熱情來踏上這麼長遠的路途，就需要極大的努力。因此，對於那些急著想要在此生證得心性的人而言，唯一真正有效而可行的方法，就是接受上師的加持。也因此，我們要修持一切道中最深奧的「上師瑜伽」。

開始修持前的幾句建言

要有耐心：你會犯錯

我經常告訴修行者，特別是初學者，沒有任何人能夠先完全正確地學會了修持前行所該知道的每件事之後，才開始修行。若要完全地知道每件事，包括如何正確修持所有的儀軌，那只有在圓滿修持並獲得成就時才有可能。因此，無可避免的，你必定會經常犯下大小不等的錯誤；然而，正是經由這些錯誤，你才能學會。沒有任何學習語言的學生會想要一次就把新的字彙與文法全都學會，然後立刻說得毫無瑕疵。我們都是邊說邊學，會用錯語詞、結結巴巴、拼拼湊湊地說，但是到最後，一切都通了，突然之間我們發現自己說得很流利。佛法修持也不離這種模式，而大部分我們所學到的，都是經由修持時所犯的錯誤而得來的。

大家要知道，從你開始修行一直到初嘗真正佛法滋味的成就之間，需要有長期而密集的努力。但是，一旦體驗到第一次的法味之後，不論你身處於世界上的任何角落、任何情況或伴隨著各種可能的人，你都能修行。你不但能自我放鬆，而且也不再會評判別人未「正確」地修行了。

提問

現代的修行者總覺得需要一遍又一遍地詢問最細節的問題，但這真的沒有必要，特別是因為絕大多數修行者所想出來的所謂「問題」，幾乎都不是問題。對於這種問題，有些比較沒有勇氣的上師會有必須回應的壓力，因而努力地給出聽起來令人印象深刻的回應。弟子們會忠實地寫下他們所說的每句話，然後第二天帶著幾乎與老問題相同的新問題回來。

我們接受教法的主要理由，是先加以思惟，然後用它來修持。諸如「何時該吃飯」、「早上修持或晚上修持較好」的這類問題，無須在每次開始新的修持時都提出來。然而，在這年頭，問太多的問題已經成為另一種相當微細形式的怠惰。這就有如你要別人幫自己做完所有的一切——修行、回答所有問題、做好一切必要的安排、搞定所有的麻煩，而你只需要去體驗證悟就好。

對於想要以「前行」做閉關的人，有關前行中各部分的指導，都與它做為日常修持是相同的。因此，這些紙張上所說的訊息就已足夠了。

修行的時間與場所

修行的場所在哪裡都無妨，所以試著不要過分挑剔。否則，你會為了安排正確的修行條件，而把所有的時間與精力都花在枝微末節上，卻沒有時間修持。

龍欽巴*（Longchenpa）曾說，在山頂上，我們的心自然而然會較為清晰，因此較容易平息心理上的昏沉。所以，如果你有機會在山上修行，而且接受過觀想、「止觀」的教授，那麼就應該做這些修持。他還說，在岩石崎嶇的地方思惟無常是有益的，因為它能幫助我們在心中生起對「輪迴是苦」的悲傷感。因此，岩洞是修持「止」、「觀」的好地方。安坐在流水邊上，能夠對激發出離心與厭離輪迴的修持，培養出迫切感；在墓地修行，則會非常迅速地帶來許多加持與大成就。

因此，如果你很容易就能在岩洞、河邊或墓地修行的話，那一定要遵從龍欽巴的建議，但若無法做到，也不必花費太多時間去嘗試。佛法修持最重要的先決條件是全然的孤立，因為當我們獨處時，受到散亂的影響就會較少，因而能創造出完美的條件，讓悲傷感在心中增長。「悲傷」是一片沃土，對於那些知道如何善用它的人，無須費力就能從其中湧現各種善念。吉美．林巴形容「悲傷」是最無價的聖財，而且在佛經中，佛陀也讚歎「悲傷」是引導一切善德能接踵而來的開拓者。

隨著悲傷，我們自然會生起信心與虔敬心。培養出這兩者之後，「止」與「觀」的修持就無須太費力。修「止」能讓心變得柔順、可塑；有了一顆柔軟的心，「觀」就相對地容易達成。一如佛陀在教授戒律時對僧眾所做的開示：戒律能幫助我們保持於「定」（梵 samadhi，三摩地），習慣於「定」能延長我們清明的時間，而清明與智慧兩者無異。證得智慧，我們就不會再被貪、瞋、痴所困，而能如實地感知一切現象。

但在這年頭，光是想找時間全然獨處都極有問題，特別是對那些有家室的人而言；也因此，要安排一個「理想的修行場所」更是無法想像的奢侈品。所以就單純一點，讓自己每天盡量有一、兩個小時完全獨處。如同吉美．林巴所說，最大的福德就是能維持獨處，而且除了修持佛法之外，什麼也不做；供養整個世界與其中的一切，也積聚不了足夠的福德來擁有獨處修行的機會。他還說，只有在孤獨中，我們才能看到輪迴的過患與涅槃的利益。因此，我們要從心底祈禱，願自己有一天能遇上如此的機會。

另外一個維持獨處很好的理由是，要遇見沒有偏見、能尊崇佛法而不心懷嫉妒的人，是非常稀少的。

如果我們還是很難創造獨自生活的機會與助緣的話，至少試著讓自己的心遠離迷惑。如同康楚仁波切所說，在所有獨處的經驗中，將心與迷惑分離是最殊勝的閉關、最殊勝的孤獨、最殊勝的僻靜處所。因此，當你置身於人群，例如一場聚會或足球賽時，試著做做看，讓自己有一小段時間不融入於身邊正在發生的事情之中。

你應該感到挫折

修持佛法必定是一件令人感到挫折的事。修行者——特別是初學者——常常不瞭解挫折感其實是成功的路標。對自己缺乏專注力、虔敬心或感應而引起的惱怒與沮喪，可能正是促使你更努力來完全融入修持之所需。當然，在另一方面，它也可能將你推倒到另一個方向，讓你停止修持——這是你必須不計一切代價都要抵擋的誘惑。但是，一定要記住，你對心靈之道感到挫折，往往是正在成為真正佛法修行者的徵兆。

好時光與壞時光

我們修行的狀態，會因為自己是否在閉關或日修而有所改變。就如我們的身體構造完全受制於不斷改變的宇宙構成元素，人類可說只不過是這些相互作用的副產品而已。因此之故，我們的色身與心永遠都在改變。前一天，由於專注較容易、觀想較清晰，我們對自己的禪修情況既振奮又鼓舞；而隔天，修持卻變成麻木又令人挫折的災難。但是，我們絕對不能讓這些經驗影響自己對修持的期待。

當修持進行得順利時，不要過度興奮，也別把這種專注與感應的強度當作日後修持的參考點。策列．那措．讓卓（Tsele Natsok Rangdrol）❶說，佛法修行者不應像兒童在擺滿玩具的遊戲場般過度興奮，以至於無法選定一種玩具，到最後什麼都沒玩到。而當你的修持

❶策列．那措．讓卓（Tsele Natsok Rangdrol, 1608~），為噶舉派與寧瑪派的重要上師。著作包括：《正念之鏡》（*Mirror of Mindfulness*）、《大手印之燈》（*Lamp of Mahamudra*）、《太陽的循環》（*Cycle of the Sun*）等。

進行得不順利時，別讓它破壞或侵蝕你修持的決心。吉美．林巴所給的建議是，在突然面臨惡緣與障礙時，視它們全是上師與佛法慈悲的加持，以及修持的成果。

修持可能會擾動我們的生活，甚至會引來障礙，一如釋迦牟尼佛在證悟之前引來魔羅的憤怒一般。因此，障難是你修持奏效的標誌，你應該為此感到高興。

在此，關鍵是要能持續而連貫。修行者經常發生的狀況是，在受到激勵時過度修持，而當一場好夢都經歷不到、無法專注或無法控制脾氣時，就會深陷挫折。在一段「大口吞食」的修持之後，他們會停止好幾個月；當他們終於又要修持時，才發覺一切又回到了原點。以這種速度修持，進展會非常緩慢。比較好的是烏龜的方法，每一步看起來都極為緩慢，但不論士氣如何低落，你都持續地遵循自己的修持進程，不中斷也不減少。這是我們利用自己最大的敵人——習氣，來對付它自己。習氣就像會吸血的螞蟥（水蛭）般緊緊地黏著我們，而且隨著時間變得愈來愈僵硬而頑固；即使我們設法撣掉牠，也會發癢而留下牠存在過的痕跡。然而，藉由建立有規律的佛法修持習慣，我們將壞習慣轉為修持的好習慣，用自己的敵人來對付它自己。就如寂天所指出的，一旦你習慣於它，就沒有什麼是困難的了。❷

修行的助緣

如果你有居所，安排一個佛堂會是個好主意。布置可以很簡單，但記得要有一尊釋迦牟尼佛像。如同龍樹在《親友書翰》中所提到的，即便是如來的木雕像也應被視為是如來

❷《入菩薩行》，第六品〈安忍〉，第十四頌：「久習不成易，此事定非有；漸習小害故，大難亦能忍。」（《入菩薩行譯注》，頁94）

本人。龍欽巴也持相同的看法，他說所有佛陀的造像，都應視為佛陀的化現，一個塑像被雕成佛陀形相的這個事實，就代表它自動被佛陀加持了，因此是珍貴的，不應該把它看成只是個無生命之物。但是，金剛乘的弟子經常將佛堂布滿了金剛乘本尊的圖像，卻完全忽略了佛陀，讓人很難判斷他們是否真的是佛教徒。當你修持前行時，準備一幅唐卡、圖畫或白描，描繪著你所修持的皈依境，對你的修持會有所幫助。並請切記，佛堂的目的是做為你修持的助緣，令你憶念佛、法、僧，也提醒你的正念之用。

佛堂應該要乾淨且具啟發性，不要像個壁爐架，上面堆滿了不知道要擺在何處的東西。上師們的照片能令人生起歡喜，但記住，別拿它們像獎牌或證書一般，來炫耀自己與上師的關係。

佛陀曾親口說過，未來他會以文字的形式出現，因此，在碰觸神聖法本之前都應洗手。我們也應對佛陀的造像表達最大的敬意，無論它們在哪裡——或遠或近，或高或低。另外一個很好的方法是，訓練自己有意識地不要跨過聖物，例如法本或僧袍。這是千年前印度音樂家所建立的習慣，他們視尊重並禮敬樂器為理所當然，而且絕對不會從上面跨過。

現今，法本經常影印得相當粗劣。然而，在那些髒污粗劣紙張上的文字，卻具有強大的力量將我們從幻相中解脫出來；而不跨越或踩踏法本的用心，本身就能積聚大量的福德。如果你這麼做，下次研讀法本時，就會發現自己更能清晰地理解佛陀的話語。所以，當你將行持的福德迴向給所有眾生的證悟時，記得要加上這一句：「願所有的佛法修行者不要踩踏他們的法本。」這可能需要一些重新的訓練，但它是個應該培養的好習慣。

第四章

你的心靈熱身

你也許會難以接受，但是現在、此刻，就是你開始修行的完美時機，無論你有多少或好或壞的理由來試圖拖延。也許你會想要等到工作不那麼忙碌，或贏得彩券，或從伴侶離開的打擊中恢復後再開始。但問題是，生活從不會免於干擾，要等事情都安頓下來才開始，那只能確定你永遠不會邁出第一步。所以，無論生活多麼動盪，今天、此刻當下，就是你開始修行最好的時機。以下是一些幫助你進行下去的建議與祕訣。

修行者的四種態度

我強烈地推薦大家培養這四種態度，即使只是在發願的層次上。因為這四種態度能幫助我們剪掉懸盪的線頭，不讓它們輕易地再纏繞到輪迴複雜的羅網裡。

如受傷之鹿般的態度

如同一頭受傷的鹿尋找僻靜處療傷一般，找個離群之處，讓自己有時間與空間去修持。

如獅子般的態度

如獅子般勇猛，完全不理會任何困境或噩耗，因為它們只會讓你分心，或將你吞噬，以至於在未來導致更嚴重的問題。

如風般的態度

風對自己吹向何處是不加分別的。相同的，不要試圖招引順境，或避開逆境。

如瘋子般的態度

如瘋子一般，對任何「世間八法」不偏愛，也不憎恨。例如，不在意被讚美，也不在乎被批評。

薩迦派的札巴．堅贊（Drakpa Gyaltsen）❶仁波切說，只要還執著於財物、房屋與家庭，我們就不會想要脫離輪迴。因此，我們應該從布施與持戒開始修持。

一旦我們逃離了輪迴的羅網，很重要的是別再掉落回去。然而，菩薩們經常會感到灰

❶札巴．堅贊（Trakpa Gyaltsen, 1147-1216）：薩迦派五祖之一，人稱「薩迦聖者」（Sakya Gongma）。

心，因為他們所面對的無數有情眾生是如此令人筋疲力竭，而且整個過程是如此令人氣餒。為他人的利益而努力，會有如裸身孤單地游過大海，只見汪洋無際的海平線，令人感到洩氣且極度沮喪。如果發生這種狀況，菩薩會需要花更長的時間才能培養出虔敬心、出離心與正念等善德，這也是為何我們需要修持安忍與精進的原因。

最後，即使去除了所有的障礙，如果容許無明與散亂占據自己的心，我們仍然會毀壞一切。因此，我們要修持禪定與智慧。

三殊勝法

對於菩薩乘與金剛乘的修行者而言，「三殊勝法」（The Three Noble Principles）是不可或缺的。

生起菩提心

從前行到供養一支蠟燭，無論你是做何種佛法修持，永遠要以利益一切有情眾生的發心去做。在此，「利益」不僅意味著給予實質的幫助，例如提供食物或藥品，或滿足人們的情緒、自我與幻想；此外，還包括發願能對一切有情眾生的證悟確實給予幫助。若是缺乏這種發願，佛法的修持就很容易會變成自私自利的行為。至關重要的是，我們要牢記自己是為了所有其他眾生而修持，而這種廣大的願力，就是使得佛法修持既強有力又無窮盡，並能保證其結果會帶來無量利益的原因。

運用「無二元分別」的覺知

在修持或實踐佛法事業時，我們必須保持不間斷的覺知，了知自己所做的一切都是幻相，或至少試著把這種想法帶入心中。如果我們戳刺自己的身體，邏輯的心會告訴自己感到疼痛，這個疼痛會有很真實的感覺，因為認為現象是堅實且真實存在的想法，幾乎是牢不可破地緊抓著我們。因此，我們必須試著去習慣於這樣的想法——一切我們所見、所做、所想的，都是自心所造作出來的詮釋，而這也是邁向「無二元分別的修持」之重要墊腳石。「習慣於」的意思就是一再地提醒自己，例如，做大禮拜而膝蓋開始疼痛時，要提醒自己——「我在做大禮拜」的「我」以及「我的膝蓋痛」的「我的」，都是心所創造的幻相。

我們一切的經歷都是心所創造的，記住這一點，就能直接對治憍慢與我執。一旦它成為你的第二天性，你就不再會執著於自己的佛行。這並不意味著你不再修持；相反的，就如快要渴死的人無法克制地要大口喝水一般，一旦了知這一切都是幻相，你唯一所想的就都是與佛法有關的事。當然，佛法本身就可以對治我執，但對那些自認為是「好修行」者而憍慢的人而言，佛行很可能會變成另外一種膨脹我執的方式。因此，記住「我們經歷的每件事絕對只是心的產物」這一點非常重要，即使每天只記得五分鐘。

在此時，學生們經常會問的經典問題是：「如果我經歷的一切都只是自心的產物，那麼有『積聚福德』這回事嗎？」針對這個問題的答案是，福德的存在與否，只不過又是心所造作的另一個概念而已。

在一開始，你的每個行為就能具足菩提心的發心，並且記得「無二元分別」（non-duality），這可能相當困難；而要你即刻就能每天觀修空性一個小時，也不太可能。與其如此期望，不如試著去記住：你所見與所經歷的一切，都只是自己顯相的產物而已。不論你的佛行如何單純，例如供養一朵花給上師，你都要記住，雖然你藉由供養而積聚了福德，但事實上，「積聚福德」的概念本身就是你自心所創造的。利用一切的機會去習慣這個念頭——自己所感知的一切都是心所造作的，並無真實的「聖行」（holy activity）存在。

這些領悟對你的所作所為會有深遠的影響；最重要的是，因為它們把你從諸如憍慢或嫉妒等煩惱的後果中解脫出來。而且，當上師把你供養的花扔在地上不屑一顧時，你會完全不在意。

迴向

每次修持結束時，不僅為自己的安樂，也要為一切有情眾生的利益與證悟，迴向你所獲得的任何福德。而且，你不必等到一座修持結束時才迴向，任何時候都可以這麼做。你可以試著在每次大禮拜後迴向，這樣可以保證不會浪費掉任何一個大禮拜的福德。你也可以將所有在過去生中忘記迴向的福德拿來迴向，例如這段祈請文：

我以剛才積聚的一切福德、
過去生中積聚而遺忘的一切福德，
以及未來世將積聚的一切福德，
迴向一切有情眾生之利益與證悟。

無論你是多有經驗的佛法修行者，很重要的是要記住，唯一能讓你的一切行為，而不只是座上的修持，都能利益自己與他人的方法，就是運用這「三殊勝法」。

你應該對廣大的發心具有野心，當需要完全開展的菩提心時，不要只對簡單的仁慈感到滿足。怙主敦珠（Dudjom）仁波切說，佛法修持真的不是那麼困難，一切都取決於發心。因此，永遠別忘記要生起帶領一切有情眾生直至圓滿證悟的發心。即使只是點燃一支蠟燭，你的發心愈廣大，你積聚的福德就愈多。

- 如果你點燃蠟燭只是為了裝飾客廳，那麼，你有的是一般人的發心。
- 如果你點燃蠟燭是祈願積聚福德，而終能摧毀輪迴，那麼，你的態度就與聲聞乘修行者相同。
- 如果你點燃蠟燭是祈願將所獲得的任何福德迴向一切有情眾生的證悟，那麼，你的態度就與菩薩乘修行者相同。

・將蠟燭視為智慧之光，照亮一切有情眾生，而且光所到之處都成壇城，這是密乘修行者的態度。

但是，大多數的時間，我們似乎無法記住這些重要的指導，而當記得時，以它們來修持又經常變得不必要的複雜。在這年頭，我常聽許多修行者說他們想做長期閉關，或想對上師做大量供養，或想做其他大規模的舉止，希望能一次就積聚大量的福德。然而實際上，他們卻毫無時間與資源做任何事，而且諷刺的是，這種大動作其實毫無必要。為了積聚廣大的福德珍寶，每個人只要以菩提心來確保自己的每個行動就已足夠。因而，你供養一朵花給上師，並且思惟：「願此供養在究竟上能利益一切有情眾生」，你就會積聚無量的福德。因此，「迴向」是積聚福德極其簡單卻強而有力的方法。遺憾的是，大多數的修行者似乎認為它太不重要因而不以為意，這顯示出他們缺乏福德，以至於無法理解迴向福德的甚深力量。

總之，這就是「三殊勝法」。如果你能記得在每天所有的行動上運用它們，你會迅速成為偉大的佛法修行者。

切斷念頭之鏈

讓自己先切斷念頭之鏈才投入一座修行，是個好習慣。假如你要修持之前剛與未婚妻吵架，心裡都是對剛才發生之事的念頭與反應，你的專注力會消失殆盡。因此，與其立刻打開修行法本，不如先花點時間來切斷念頭之鏈。

有無數的方法可以用來切斷念頭之鏈。例如，先挺直後背、盤腿而坐（如果舒服的話），或者你也可以選擇坐在椅子上，然後開始修習。每次念頭一出現，你就提醒自己：生為人身是如何地難得可貴、死亡的迫近與不可逆料、此生極度的痛苦、你的行為所避免不了的業果，或任何其他能讓你培養對世間生活產生出離感的想法。一再地思惟這些念頭，即使你一天只修持十分鐘，花上二到三分鐘的時間來切斷念頭之鏈，你的心就會完全轉變。

以持戒做為準備

龍樹說戒律就如我們行走於上的大地，如果沒有大地，就無法種植花草、蔬果，也無處可以放張桌子。同樣的，戒律是一切善行的基礎，即使泡一杯好的義式濃縮咖啡（espresso）都需要相當程度的「戒律」。為了確實做好每一件事，我們首先需要以戒律來學習規矩與共通的做法。

憂鬱症是現代人面臨的最大挑戰之一，它常是由缺乏戒律所帶來的壞習慣而引起的。例如，遲遲不丟垃圾，或耽溺於怠惰懶散的感覺，或厭惡例行的工作。如果沮喪的人們能運用一點戒律在自己的生活上，我確定他們憂鬱症的一大部分就會自動消失。例如，假設醫生要你避免太多碳水化合物的飲食，因為它會引發憂鬱症。過了兩天，你和朋友們去一個很好的餐館用餐，他們點了一些看起來很美味的義大利麵。你自忖：「我不過剛剛開始節食，一盤義大利麵能有什麼害處呢？這將是我最後一頓，明天我再開始節食。」因此，你破壞了自己的「戒律」，很快就陷入「後義大利麵憂鬱症」中。這就是由於缺乏戒律而產生憂鬱症的例子。

避免碳水化合物是一般而日常性的戒律，但有許多特別的戒律經常運用在心靈之道上，例如：禁欲、剃除鬚髮，或從不剪髮，或是每天早上六點起床，即使你不是早起型的人。有時你也可以將喜歡的活動視為戒律，例如每週三去公園散步。無論你做什麼活動，如果能持守規律性的戒律，即使你被迫去做不喜歡的事，你的心（即習性的倉庫）就能避免陷入憂鬱。換句話說，戒律是確保你的心不被寵壞的一種方法。

由於避免例行的工作會導致憂鬱症，缺乏紀律的童年生活也可能導致日後的許多問題。習慣於任何事情都不會被否定的孩子，很可能會成為一個不快樂的成人，純粹是因為當他無法如願時，他從未學習過如何處理自己缺乏紀律之心所生起的瞋恨，以及隨之而來幾乎無可抵擋的暴怒。

以「前行」的功課而言，做大禮拜就很需要持守戒律。你可能無法一天做五百遍，但每個人都有時間做三遍、五遍、七遍或十遍大禮拜。而且，如果你也持守計算數量的戒律，最終你必定會完成十萬遍大禮拜，甚至五十萬遍都有可能。但是，請諸位記住，佛法修持並非一場奔向圓滿證悟終點的賽跑。

通常修行者很容易對自己積聚的大禮拜數量之多寡感到不安，但他們可能更應該對自己持守的戒律之有無感到慚愧才是。試著約束自己每天都修持，而不是偶爾為之；或讓自己每天都修持半小時，而不是今天五分鐘、隔天一小時。或試著每天修持時都打扮得漂漂亮亮，讓它成為你一天中特殊而重要的事件，而非穿著睡衣勉強爬上蒲團，如鸚鵡學舌似地快速念過祈請文，好像被迫繳付某種靈修稅金一般。

憶念上師是修持最好的準備

對金剛乘修行者而言，學習不斷地憶念上師是極為重要的。不只是因為他做為心靈導師傳授給你的知識，更重要的是，因為憶念上師即是憶念佛。而且在究竟上，憶念上師與憶念你的心性全然無異。

念誦往昔大師所撰寫的啟發性祈請文，可以幫助我們憶念上師，例如蔣貢・康楚・羅卓・泰耶的「向上師哭喊」（Crying to the Guru），通常譯為〈遙呼上師〉（Calling the Guru from

Afar）。如果你不喜歡念誦祈請文，更自然的辦法是當場自做祈請文。無須擔心你寫「詩」的技巧不足或口才不佳而害羞，重點是確實地告訴你的上師，什麼事情令你煩惱（在合情合理的範圍內——請求他修理你的水管，會有點不太合適）。最好的是以祈請文請求上師，願你的佛法修持永遠不會出岔，反而會完全成功，願你不僅利益自己，也能利益一切有情眾生。

現在有許多人很想要修持佛法，渴望出離世間的生活，卻被如山一般的障礙所圍困。他們想要修持的願望，很快就被怠惰習性所產生的世俗念頭扼殺了。然而，為了實現願望，他們唯一要做的就是憶念上師。你曾經抓不到睡褲繫帶的一端嗎？「憶念上師」就像是設法抓住弄掉的那一端，因此你能將它拉出來而繫好睡褲。

開始修行前的三個竅訣教授

排出濁氣

「排出濁氣」是準備修持非常好的一個方法，這個修持最好是找個人親自對你演示做法，但是如果無法找到，就試著依照下述非常簡單的方法去做。

先花幾分鐘切斷你的念頭之鏈，然後重新坐好姿勢，確定挺直背脊。正如佛陀所說，一切現象都是「緣起*」（dependent arising）的，這也包括了身與心。雖然「心」似乎不容易掌握，但「身」卻是可以接觸到的，藉由單純地挺直背脊，「緣起」的力量會確保「氣」與「脈」的運作正確，也讓體悟更加成為可能（理想上，修行者應該以「毘盧遮那七支坐*」〔seven-point posture of Vairochana〕來修持）。

- 用兩個鼻孔吸氣，將你的肺完全充滿。
- 彎曲左食指，壓住於左中指第一指節之上（此為半金剛手印之一半，相同的雙手相合即為半金剛手印）。
- 用左手中指（如上）壓住你的左鼻孔，從右鼻孔用力呼氣，將肺裡的氣排空。

——呼氣時，觀想自己所有的瞋恨與挫折，以骯髒污穢的煙塵之形式從身體排出。

——吸氣時，想像一切諸佛、菩薩的所有智慧與慈悲，以白色光的形式融入於自己。

- 鬆開你的左鼻孔。
- 彎曲右食指，壓住於右中指第一指節之上。
- 用右手中指（如上）壓住你的右鼻孔，從左鼻孔用力呼氣，將肺裡的氣排空。

——呼氣時，觀想自己所有的貪愛，以暗紅色光的形式從身體排出。

——吸氣時，想像一切諸佛、菩薩的所有智慧與慈悲，以白色光的形式融入於自己。

- 鬆開你的右鼻孔。
- 兩個鼻孔都張開，同時從兩個鼻孔吸氣，再從兩個鼻孔用力呼氣。

——呼氣時，觀想自己所有的無明，以黑雲的形式從身體排出。

——吸氣時，想像一切諸佛、菩薩的所有智慧與慈悲，以白色光的形式融入於自己。

• 完成此修行後，恢復正常呼吸。

不要徘徊或執著於這些觀想的細節，只要認為自己所觀想的一切都真的發生即可。同時，別糾纏在觀想的任何部分，然後開始問問題，例如：「白光應該有多亮？」金剛乘的觀想，其目的是要以殊勝的念頭來占據我們的心，而非世俗的念頭。如果你陷入太多的細節，那正是開門迎接障礙進入修持的行為，一如掉落於你尋常的慣性思考方式。你只需要單純地跟隨修持的每一步即可，做完一步之後，就迅速移往下一步。

話雖如此，但是如果你希望追隨一個特定的傳承，最好是向熟悉修持該傳承的老師諮詢較佳。

將你的環境轉化為佛土

金剛乘是轉化我們習性上的不淨顯相（impure perception）之道，使我們能感知每件事、每個人都是清淨的。所以，無論你在哪裡修持，例如在家中，或在德國、香港、澳洲，或在法國南部的禪修中心，都要說服自己正無疑地身處於圓滿的淨土中。

在此，「不淨」與類似加德滿都那種骯髒的街道或成堆的垃圾無關。當你卡在「天花板只能是天花板，地板只能是地板」、「一千個人不可能進得去掃帚櫃裡」的想法時，這種二元分別的顯相就是「不淨」的。換句話說，你所造作的二元分別，限制了一種現象的顯現只在一個特定的目的上而已。對比之下，當你具有清淨顯相時，你不再將某個單一的顯相執著為一個獨有的現象，反而能連接上自己本具的能力，因而能看見並接受一千個人能輕易進入一個小掃帚櫃中。當你還是以尋常感知世界的方式運作時，會堅持這麼多人絕對不可能進入如此狹小的空間裡；而一旦顯相開始轉變，你也同樣會堅持他們絕對可以進入。

一旦你接受任何事都有可能，佛土就不再如企業號宇宙飛船（Starship Enterprise）偶爾造訪的那些遙遠星球，也不是深植於大眾心裡面的那種陳腐感傷的天堂景象。但是，我們如何才能真心地接受任何事都有可能呢？答案是，藉由前行的修持。

如果蓮師是你前行法本的主要本尊，那麼就觀想自己身處銅色山淨土（Copper-Colored Mountain），這當然並不意味著你要想像天花板和牆面都是銅做的！而是要以「我所見的並非事物的真實面貌」的想法，來調整自己的世俗顯相。告訴自己，周遭的一切「事物」既非受限於磚頭、泥灰、高速公路與車流，也非一群神聖的天使。「事物」是無限的，而且每個物件，例如你桌上的那枝筆，就包含了億萬個淨土。這就是你開始調整心的方式，因而最終你能接受任何事都是可能的。

顯相的「轉變」是金剛乘修持的核心，但重要的是，不要誤以為這是顯相的滅盡。轉變顯相，是在心態上改變自己感知世界的方式，而且是應該每天都必經的過程。

營造啟發性的氛圍

如果可能的話，藉由打掃修持的場地、燃香、安置佛像與供養等，來營造一個具啟發性的修持氛圍。但是，縱然我們如前所述會受到環境左右，我們卻要當心，別掉入陷阱，切勿花費更多的時間與精力去營造氛圍，反而忘了修持。

遙呼上師

這項修持稱為「遙呼上師」或「向上師哭喊」是很有意思的，因為它意指要向上師提醒我們的存在，以及要呼喚他來幫助我們，這兩者都是必要的。佛法修持的核心是「正念」，如同我們一再被提醒的，修行者的主要任務是維持不散亂。因此，有了正念做為修持的核心，當我們憶念上師時，我們已經在呼喚他了，而且，也可以確定他已經聽見了。從某方面說，憶念上師是最有效的一種正念，但是由於大多數的人都無法持續不斷地憶念他，所以另一種說法是要「引請上師」，就是要我們自己的心去記得他。

我們念誦任何一種殊勝的「遙呼上師」祈請文，不僅能向上師哭喊請求幫助，還能提醒自己所有佛法修行者所共有的習性缺失。能夠承認並理解自己的過失與缺點，是非常有價值的練習，雖然它現在似乎變得不太流行。一個真正的修行者對自己個性的反省，應該比現代社會上的一般人更具批判性；現代社會——特別是美國——所強調的重點是在建立自尊以及給予鼓勵，而非批判性的分析。因此，以比較現代的眼光來看，強調批判性反省的這種修持，可能在表面上看起來像是外來文化的產品。但是，果真如此嗎？難道在吉美．林巴的〈引請上師〉（Invoking the Lama，包含在《龍欽心髓前行》中）與蔣貢．康楚仁波切的〈遙呼上師〉中所發現的這種反省，都只是西藏文化影響佛法的產物而已嗎？

對於這一點，我思考過很多，而且可以相當自信地說，這並非如此，這種批判性的反省並非由某個特定文化所促成的。整個佛法的目的，是為了拆解我們為自己創造的那個稱為「我執」的保護系統。佛法中的每一個字句、每一種方法，其背後的目的都是為了抵觸、阻斷並撕裂我執，直到完全自其中解脫的最終目的達成為止。傳統上，在我執的繭上造成裂縫與凹陷，是預告了真正佛法修行者的誕生。

然而，我們大多數的人根本不是佛法修行者。我們也許是對佛法有興趣或受其鼓舞的佛法學生，但是，要成為修行者是完全不同的事。佛法修行者不僅能看出「世間八法」毫無價值，而且能做出極為困難、但非不可能的勇猛努力來放棄它們。從另一個角度而言，佛法學生學習的目的反而被「世間八法」所綑綁——我們是因為自己具有野心，或想要增長知識，或想要贏得另一位天真幼稚的佛法學生之心，或想要成為某種形式的心靈導師，而學習佛法。

擁有充裕的時間或正在閉關的人，應該盡可能多念誦一些特別好的「遙呼上師」祈請文。在蔣貢．康楚的〈遙呼上師〉與吉美．林巴的〈引請上師〉祈請文中，我們呼喚自己的上師，並藉由提醒自己最隱密的缺失而把「我執」炸出破洞。我特別推薦康楚仁波切的祈請文，因為他祈請許多不同傳承的上師，因此從「不分教派」（藏 ris med，音譯為「利美」）的觀點來看，更是特別殊勝。（宗派主義是心靈唯物主義中，最邪惡的一種。）

四共加行

思惟四共加行（四個共同的基礎），又稱「轉心四思惟」，是為佛法修持做準備的經典方法，這個方法至今都還管用，毫不過時。當然，最好的是你能隨時都在心中保持這些思惟，否則的話，你可以試著在每天修持之前朗讀它。

珍貴的人身

在此，我們為了有能力與機會在此生修持佛法，而生起感恩之心。對佛法修持而言，擁有人身是極為重要的。不像動物或那些住在歹徒與私人軍隊橫行之地的人，閱讀這本書的人大都享有基本的個人安全感。你的生命並非經常置身危險之中，清醒時並非都在絕望地尋覓食物或棲身之地；我們大多數的人甚至能欽羨宏大的事業與非凡的人物，偶爾還受到如密勒日巴這種偉大的歷史人物所啟發而感到敬畏與不可思議。最重要的是，我們可以發願：「願一切有情眾生都快樂」，而不認為這是在浪費時間。因此，在某種意義上，我們確實擁有一些特質，讓自己有資格說是擁有珍貴的人身。

問題在於，我們未必善用自己的好運。例如，沒有任何人能阻止我們和朋友在鄰近的咖啡館裡悠閒地度過一小時，然而，只有極少數其他道的眾生能享有這種奢侈來浪費時間。想像如果我們生在耶路撒冷或加薩走廊，永遠活在被射殺或炸成碎片的威脅下，會是什麼感覺。因此，當我們有機會享受閒暇時光與個人安全的奢侈時，我們真的應該珍惜並善用它。

生而為人是極其珍貴的，因為在相當程度上，人類有智能去理解痛苦的本質與其原因。相反的，地獄道眾生只知道無情、難以想像的劇烈痛苦與煎熬，讓他們無止盡地因麻木而失去知覺。天道眾生只知道不間斷的快樂，並能擁有任何想要的東西，他們因而缺乏悲傷的體驗，也缺乏探究自心的好奇心。在六道輪迴中，人道既非太快樂，也未被痛苦所淹沒，因此具有最好的能力來瞭解痛苦。

佛陀說，當人是自由而富裕時，生命就變得「珍貴」。那麼，是什麼阻礙了我們自由呢？那就是「散亂」。如果心不散亂，我們會是自由的；如果具足正念，我們會是富有的。所以，不要誤以為只因健康、受過教育且人際關係良好，人身就有「珍貴」的資格。只有在得遇佛法、邁向心靈修持之道時，人身才變得珍貴。

無常

當修行者愈來愈瞭解無常，他對個人的快樂、名聲與舒適的關注就會愈來愈減少，而學習如何去瞭解無常的一大部分工作，就是培養我們急需修行的迫切感。我們每個人的時間都不多，今天可能是你生命的最後一天，今夜的晚餐可能是你的最後一餐，絕對沒有任何保證可以確定每個人都會活到明天，更不用說「永遠」了。

在這個既危險又不健康的世界上，現今五十歲的人能活到八十歲，應該算是相當不得了的成就。五十多歲的人生命已過了大半，而且當我們愈老，感覺時間似乎過得愈快，以為還剩下的三十年一眨眼就會煙消雲散。首先，我們每晚大約睡八小時，這就占掉三十年中的十年。假設一天看一場電影、吃三頓飯，這又花掉四小時。我們還要閒聊、和朋友相處、查看球賽結果、做家務、付賬單、與家人聚會、運動，所有這些可能一天要花掉兩小時。當然，大多數的人一天必須要工作七至八小時。因此，如果我們這些五十多歲的人幸運的話，一天只剩下不到兩小時，或大約總共兩年半的時間可以「活著」。而且，這其中大部分時間都會被妄想、焦慮、自我懷疑所占據。所以，在此的底線是，幾乎沒有時間來修持了。

業

龍欽巴說，在究竟上，我們真實本性的太陽雖然持續地升起，但是它被我們善行的白雲與惡行的烏雲遮蔽了。一切斷除惡業與積聚善業的努力，如同閃電般不停地閃爍明滅；隨之而來的，就是一場兼具快樂與不快樂兩者的迷惑之傾盆大雨。他告訴我們，這就是輪迴的收成被持續鞏固的方式。「啊！多麼可憐啊！」

我們全都受到「因」、「緣」、「果」的法則影響，因此沒有任何人能享有真正的獨立自主。我們努力地積集「因」與「緣」，期待能帶來成功或樂趣的「果」，卻忘了那些「因」與「緣」正好跟抗生素的作用相似。吃抗生素時，一方面因為某種症狀獲得緩解，我們會感覺較好，但另一方面，由於抗生素會讓身體的其他部分不舒服，我們反而感覺更糟。我們未曾意識到，這些為了追求獨立、財富與成功所做的每件事，也都會是自己隨後所將經歷的一切因緣之「因」，它會支配並控制自己之後的生活方向。因此，我們不能保證自己的計畫必定會像最初期望的結果一樣發生。

當我們以有限的顯相經驗到所謂的「順境」時，例如，申請到首選的大學，或得到一份好工作，我們就會把好運歸功於辛勤的努力上。而當不愉快的事突然把自己橫掃到意料之外的路上時，我們又變得迷惑。我們忘記在積集成功因緣的過程中，同時也種下了許多產生逆境的因緣。我們的計畫可能奏效一次、兩次，或甚至很多次，但是對於那些失控的因緣，我們卻完全無法抵擋，只能受其操控，因此總有全然不奏效的時候。

諷刺的是，世間法的成功需要我們積集特定的因緣，例如良好的教育、誠實的商業夥伴、可靠的法律諮詢等；但是在此過程中，讓我們整合這些因緣的體系，也確定了由於我們易於受其控制，因而是脆弱的。這是我們所遺忘的，我們常自認為刀槍不入，但是除非這個虛妄的安全感被粉碎，否則要成為真正的心靈修持者是非常困難的。只有承認自己的脆弱，我們才能放下對「生活總會按照計畫進行」這個虛妄假設的執著。

在究竟上，為了獲得證悟，我們必須耗盡一切的「業」，無論是善業或惡業，而不只是盡可能地多收集善業與拋棄惡業而已。「業」在本質上是根基於因緣的，由於我們一切的行動都由「業」所決定，因此它只會與我們的獨立自主直接牴觸。所以，任何人都不可能真正地獨立自主。

在每天修持之前先思惟因果，其主要的目的不只是去理解「業」的複雜功能與系統，更是要提醒自己，我們對任何一切都完全無法控制。

這也把我們帶到下一個主題——輪迴的過患。

輪迴的過患

有情眾生如蠶一般製造了自己的牢籠，並死於其中。舉例而言，我們可以思考一下自己如何處理「錢財」這個概念。從歷史上來看，人類對這個特定抽象概念的發展極其勤奮，我們為了賺更多錢財而甘願受痛苦的胃口，似乎是永遠無法滿足的。

強酸碰觸肉體所產生的疼痛，是我們容易想像的一種粗重的痛苦，但還有許多不同種類的痛苦，除非我們親身經歷，否則就感受不到它們。要分辨並理解自己痛苦的「因」是最困難的，特別當它們是我們一直以為的「好」東西。例如，強勁的世界經濟是我們最著名的金融專家們所鼓吹的好東西；這是真確的，在健康的經濟環境中，好的產品人人可得。然而，對於那些活在繁榮經濟另一面的人，生活很可能相當糟糕，更別說「美好」了。

我們經常聽到「生命是美妙的」的論調，然而，果真如此嗎？把大部分人們所過的生活視為「美妙」，充其量只是過於浪漫罷了。如果你如此認為，那麼你必定還未理解第一聖諦——「了知苦」。事實上，生命是由大量和合的、恆時流轉且一直改變的現象所組成，因此它只會充滿痛苦，因為和合的現象無可避免地會導致不確定性與衰敗，並且拆解我們所珍視的一切。這有何「美妙」可言呢？

「不確定性」是輪迴最殘酷的過患之一。當現代人讀到如《普賢上師言教》這類的書，其中描述地獄道與餓鬼道眾生所經歷的劇烈痛苦，我們鮮少把它們當真。由於懷疑主義的習性，我們指控巴楚仁波切用的是恐嚇策略，就像其他宗教以地獄之火與下地獄懲罰的教法來恐嚇追隨者，讓他們服從命令一般。我們不願意相信有地獄；我們寧願相信十八層地獄只是佛教徒的抽象概念，卻不覺察地獄與所有其他惡道的痛苦，就在此處——我們人道——都可以看得到，而且經驗得到。

撇開別的不談，只要仔細地審視大多數人持續受折磨的貧困心態（我們對所有事物都想擁有更多，而無法擁有時就會緊張焦慮），就會知道它占據了我們每天的每個瞬間，讓人永遠都無法放鬆，這清楚地顯示了人道確實很痛苦。

對於所有的修行者而言，深入思惟這四加行是極為有利的，對初學者尤其如此，因為這是所有轉心向法、遠離世間法最值得讚歎的方法之一。

第五章
運用你的想像力

觀想的修持

「觀想」的技巧貫穿於整個前行的修持，但它在使用我們想像力的方式上，與其他許多禪修——例如「止」的修持——相當不同。在我們迷惑的生命經驗中，想像力也扮演了主要的角色。我們在日常生活中所遇到、感知到的每件事，都是自己想像力的產物，而且，由於我們相信自己所創造的各種幻相，它們因而成為根深柢固的心理習性，以至於我們完全忘記它們只不過是幻想而已。因此，想像力是我們最有力的工具之一，而利用它來改變並稀釋我們如何看待世界，就是所謂的「觀想的修持」（practice of visualization）。

初學者會遇到的一個小問題，是英文「visualization」（觀想）一詞有可能造成誤導。對大多數的人而言，「觀想」是指專注於某個形象，然後將它保持在心眼中。但是，外貌只是觀想修持的一個元素而已，絕對不是全部。每個人對事情的態度與理解，都隨著他的處境與教育而改變。直到最近，在西藏長大的佛教上師們都視沙拉、綠色蔬菜與草是動物的飼料，而不願去吃這些東西。現在，藏人已經熟悉西藏以外的食物，這種態度也隨之改變了。正是這種顯相上的轉變，我們將它運用於「生起次第」*（梵 utpattikrama）之中。

另外一個例子可以在網際網路上發現。大多數的色情圖片都很小——當然遠小於真實的尺寸。從邏輯上而言，很難相信那麼小的圖片能讓活生生、會呼吸的人激起性欲，但是它們真會如此。我們根深柢固的習性設定了我們會對某種特定的圖像做出反應，因此，即使是從小小的14×8公分的YouTube螢幕上看到，它都依然有力量讓我們感到興奮，或令我們生氣、悲傷，甚至抑鬱。在某種程度上，這就是觀想的運作方式，與物體的大小或所謂的「寫實」程度完全無關。

你對某個普通朋友說：我們所見的周遭事物，例如房子、汽車、樹木、商店等，並非如我們所相信的方式真實存在；果真如此，他很可能會認為你終於瘋了，或至少你已經患了非理性的絕症。然而，根據金剛乘的理論，這個世界對你的顯相是唯一的，其他任何人不會以相同的方式看到它或經驗到它，因為你之所見並不存在於你之外。

現代社會的金剛乘學生常會對修持觀想感到很困難，我想部分的問題來自於像我這種藏傳老師。我們假設一切有情眾生都與藏人用相同的方式處理事情，因而教導大家想像佛陀佩戴著藏人喜好且深具意義的飾品，一如傳統西藏繪畫上的形相。但是，成為一位完美的藏人肖像專家，並非修持觀想的重點。

修持觀想的主要目的，是藉由培養清淨顯相，使我們對現象世界凡俗而不清淨的顯相能夠加以淨化。然而，不幸的是，「清淨顯相」又是一個易於被誤解的概念。弟子們經常試圖在心中再造一個與唐卡完全相同的影像，其中有平板、不眨眼的本尊，身邊環繞著凍結在空中的雲團，而他們的佛母看起來像是過大的嬰兒。以這種錯誤的版本來修持觀想，等於是把一種比你與生俱來的還糟糕的顯相灌輸給自己，而在這個過程中，也摧毀了培養清淨顯相的整個目的。

那麼，「不淨顯相」真正的意思是什麼呢？如同前述，「不淨」並非意味著我們觀想的對象被塵垢所覆蓋，或是污穢、骯髒，「不淨」並非「在外面」；在此處，「不淨」意指問題「在裡面」。我們透過標示為「貪愛」、「嫉妒」、「憍慢」、「無明」、「瞋恨」等的各種情緒濾鏡去看世界，因此，我們所感知的一切，都被這五種情緒的無數變形所染色，而這些變形有些連名稱都沒有。想像你去參加某個派對，一眼就瞥見某個吸引你的人，你的「貪愛」濾鏡便會立刻聚焦，為此人貼上「性感」的標籤；如果其他人妨礙了你，你的「瞋恨」濾鏡便會立即啟動，為此人貼上「討厭」的標籤。隨著夜晚流逝，又有其他人激起你的不安全感，使得你批判他們、打量他們；你為自己的選擇辯護，並詆毀他們來膨脹自己的憍慢，所有這些都是被「深度無明」的濾鏡所激發。這張清單可以持續地列舉不完。

所有這些不同的顯相都生自我們一己之心，然後再經由我們的情緒所過濾。事實上，我們所經歷的一切大小事情必定會導致失望的原因，是因為我們一直無法記得自己感知的一切都是自心的產物，反而執著於「在外面」的顯相，並相信它們是真實存在的。這就是我們在金剛乘「觀想的修持」中所要處理的東西。

這一切都與「修心」有關。聲聞乘所提供的諸多方法之一，是以「身」與「語」的戒律來滅除我執，諸如先前所提到的：剃除鬚髮、托缽乞食、穿著袈裟，以及避免各種世俗的行為（如結婚或性行為）等方法。菩薩乘的修心除了持守「身」與「語」的戒律之外，還加上觀修悲心、生起菩提心等。最後，金剛乘不僅經由持守戒律與觀修悲心來修心，它還提供我們從不淨顯相轉化至清淨顯相的方法。

觀想「融入」

究竟而言，佛法最重要的目標——尤其在菩薩乘——就是要證得「無二」（無二元分別），而要圓滿這種證悟最有效的方法之一，就是修持觀想。在觀想中，最重要的則是本尊或上師融入修行者，而與之無二無別。但這修持怎麼做呢？

想像在鏡中或湖面上有個月影，雖然影像清晰可見，但它只是個反射的月影而已，並非月亮本身直接從湖中升起或被塞入鏡裡。另外一個例子是彩虹，雖然我們可以很清楚地看見彩虹，但它並無本具之真實；同樣的，雖然彩虹空無一物，但我們還是看得見它。月影與彩虹兩者，都是同時既空無一物，又清晰可見。

所以，在此「無二」是指「顯現」（appearance）與「空性」的「無二」。我們所感知的一切，不論是上師、弟子或任何一切，皆非真實地存在於一己之外。而且，直到我們真正證得「無二」之前，將自己與本尊或上師融為一體的修習是極為有用的工具；對於你要領受加持、灌頂或甚至啟發，這也是非常有效的方法。

然而，修行者在這部分的修持常常發生困難，因為他們總是在理當修持觀想與融入時，反而在心中遍處尋覓所有學過的相關理論。這個例子說明了如果在心中塞滿太多概念的話，對修持的進展反而會造成阻礙。因此，我們在修持時，應該把理論完全放在一邊。

在此，最佳的忠告是應當讓它實際可行。心靈修持應當像騎自行車一般，一旦你學會騎車，就無須每次都重複一次「齒輪如何作用」或「座墊該有多高」等這些事情背後的理論，你只要坐上去騎走就行了。修持「融入」的關鍵是盡量去做即可，別過度擔心自己做對與否。到最後，你一定會學到竅門。

在此的「竅訣教授」非常實際──「只管做就對了！」體悟「無二」有點類似學習開車，不論一開始聽起來有多荒謬，經過了幾星期學習車上的各種按鈕與手把，最後你還是必須放下駕駛手冊，啟動引擎開始開車。觀想也是如此，最初你可能會覺得自己的融入過程比較不像消融，反而像是把蘋果丟進布袋裡。但是，除非你硬著頭皮冒險去做，否則什麼也改變不了。然而，經過一段時間的練習，你的上師就比較不會像個蘋果，而比較像是你倒入水桶中的一杯水。這就是個徵兆：你已經開始稍微更加瞭解「無二」的過程了。

最終，你會理解「融入」的過程就與一個封閉的空間與虛空混合時的狀態完全相同，而這部分的修持正是許多學生誤解之處。想像一個陶罐，它的周遭與內部都是空間，當陶罐破碎時，原先內在的空間與外在的空間混合成一個不可分的空間。我們不可能分得出「內在」與「外在」的空間，空間就是空間，你無法分辨各部分原本來自何處。修持者與上師的相融無別，就應如此。

目前，雖然你無法不將上師或佛陀視為外在於你的獨立個體，但是你應謹記，自己所見到的純屬一己之所見而已，任何人之所見、所聞、所思，都是基於他個人的詮釋。這個原則不只構成佛教哲學的理論基礎，也是觀想能起作用的主要原因。露易絲（Louise）可能自認為是「露易絲」，但她絕對不會描述自己是「觀想出來的露易絲」，雖然這正是實際上的她。事實上，我們每個人都是我們自己的觀想。

常有人問起，「觀想」是否是特定文化的產物，是否有點傾向有神論？但如前所述，把蓮師或金剛總持（梵 Vajradhara）❶觀想成西藏唐卡上的樣貌是一個錯誤。即使大家都使用完全相同的一幅唐卡，每個人的顯相也都還會有所不同，而且跟畫師所想像的也會截然不同。所以，當我們觀想蓮師或其他本尊時，不妨大膽一點去想像。蓮師是無上又殊勝的人，而「無上」所具有的一個面向，通常就是「法相莊嚴」，或至少是面貌出眾。但某人認為的「美貌」，在他人的眼中可能是「醜陋」的，因為每個人的詮釋都非常不同。而且，不論是美國人、墨西哥人或比利時人，絕對無須學習西藏人所認定的「美貌」版本。所有我們能做的，只是將自己的詮釋拿來做最佳的應用而已；而且也別忘了，甚至你正在閱讀的這些文句，詮釋它們的也無非是你的心，至於它如何詮釋，則完全基於你自己的習性與顯相。也許你認為你瞭解我所謂的「美貌」是指什麼，但其實不然，你只是對我所謂的「美貌」，發展出你自己的版本而已。

另外一個重點是，我們觀想本尊手執金剛杵或顱器*（skullcup），並非美學上的考慮，也

❶「金剛總持」意指「持有金剛者」（Holder of the vajra）。在新傳中，他是本初佛、一切密續之源；在舊傳中，「金剛總持」表示根本上師即是金剛乘法教的證悟總持。

不是因為這些儀軌物特別有用之故。有些學生會問：是否應該觀想本尊手執比較現代化的東西，也許像iPad或iPhone？但是，本尊所執的器物、裝飾或配件，都具有重要的象徵意義，因此應該完全依照神聖法本中之所述，不做任何更動。

我們對往昔偉大上師的相貌知道得很少，蓮師真正的相貌是如何，大家只能猜測，即使你翻遍所有的藏傳佛教文獻，也找不到絲毫有關他相貌的確切描述。雖然有一尊稱為「很像我」（Looks like me）的蓮師雕像，其照片廣為流傳，但也還有其他數尊相當聞名的雕像，卻與這一尊造像全然迥異。

我們也應當記得佛陀在《金剛經》中所說的：

若以色見我，
以音聲求我，
是人行邪道，
不能見如來。❷

在一般教法中，有一個重點經常刻意不在前行修持中去強調，而是到了修持儀軌正行時才會提到的；那就是當你在心中生起觀想時，你所觀的本尊應該清晰、生動，並以了知「無二」做封印。這點所指為何，在此需要稍做解釋。我們用觀想蓮師如芥子般微小，卻坐在如須彌山*（Mount Meru）甚或如宇宙一般大的宮殿中來做例子說明。乍聽之下，這既不

❷《大正藏》卷八，頁752a。

自然又不美觀，但在修持上卻非常恰當，因為容器並非太大，內容物亦非太小，芥子與蓮師不同的大小也毫無問題。還有一些修持需要觀想宮殿小如芥子，而蓮師卻大如宇宙，但他仍然可以很舒適地進入宮殿之中。這都是「無二」的練習，而且常在觀想中運用。

如同根敦・秋貝（Gendün Chöpel）所指出的，金剛乘修行者必須要習慣於相信不可信之事物。密續的觀想法門常常要你在心中觀想熾熱大火，於其中，本尊端坐於一朵脆弱的蓮花與清涼的月輪之上，身擁熱情如火的明妃，周圍還環繞著一群難以駕馭、面露怒色的本尊，手上揮舞著足以令人致命的法器，但這熊熊烈火卻完全不會造成任何人或物的傷害。以理性去分析的話，只會讓人覺得不可置信，因為這個場景的一切都自相矛盾，而且完全不可能存在於日常的現實中。但是，重點在於密續行者必須習慣於相信不可信之事物。我們的目標是要結合並消融主體與客體，因而兩者合一而不二，不論是貪愛與瞋恨、熱與冷、乾淨與污穢、身與心都是如此。這就是所謂的「智」（梵jnana）與「身」（梵kaya）的合一，也是最究竟的一種結合。

根敦・秋貝又說，我們之所以無法掌握如「法界*」（梵dharmadhatu）這種不可說的觀念，並非我們強烈地相信存在的事物之故，相反的，是因為我們強烈地不相信不存在的事物。但是，要把這種「無二」的新知識塞入我們非常固執的二元系統中，必須要花上相當長的時間。

資糧田

觀想通常都會涉及想像一個「資糧田」（field of merit，皈依境），其中的各種細節會根據你所修持的前行而有所不同。

做為初學者，你對觀想的各個細節無須太過偏執——當然，除非細節很能給你啟發。你隨時都要記住，自己所觀想的一切，本身都是幻相，它是根據你自心對各種不同資訊的詮釋所虛構出來的想像而已。在此最根本的是，這些幻相並不是真實的存在。

何謂「資糧田」？想像你想要發財，因而需要某些資金來投資：農人則需要一塊田地來種植或畜養牲畜；生意人為了某個新項目需要業務貸款或金主融資。同樣的，追隨心靈之道者，由於渴望將自己與所有的受苦眾生都從輪迴之網解脫出來，因此需要積聚福德。為此，我們需要使用兩種資糧田——聖者的資糧田與眾生的資糧田，經由這兩種資糧田，我們終能收穫證悟之果。

因此在前行中，從頭到尾都會使用到這兩種資糧田。我們在聖者的資糧田中觀想諸佛與菩薩，想像他們給予我們力量、悲心與遍知，支持我們帶領一切有情眾生獲得證悟。而在眾生的（一般的）資糧田中，我們觀想有情眾生，對他們每一位都生起悲心。如此，我們在兩種資糧田中都積聚福德。因此，修行者應該記住，當我們藉由相對的修持來積聚福德時，我們如果不是向諸佛祈請，就是對有情眾生生起悲心，不論以其中的哪一種形式，這兩種資糧田都會是我們每個修持的一部分。

常見的問題

「如何正確觀想上師在自己面前？」是大家常問的問題，例如「上師應該在我頭頂上多高的地方？」、「他應該面朝著我嗎？」、「他應該跟我面朝同一個方向嗎？」……再次的，最佳的忠告是別太吹毛求疵，金剛乘之道是「無二元分別」的。事實上，整個修持的重點就是證得此種「無二」，因此，在過程中我們必須學習對這些細節盡可能保持開放而放鬆。

話雖如此，某些方面我們仍然需要非常明確。例如，在前行的修持中，當你觀想金剛薩埵坐在頭頂上時，想像他與你面朝同一個方向。而當你修「上師瑜伽」儀軌時，由於染污眾生都會認為坐或立於高人一處者，一定較好或較具權威，因此之故，你觀想上師與眾眷都位於稍高的位置，並且全都注視著你。

在有些修持中，也許你會發現觀想上師在頭頂或坐在心中比較有效。有個教法甚至提到觀想上師在自己喉間，因此當你進食時，就自動地對他獻上供養。觀想的各種可能性之選擇，是無限的。

第六章

我們為何需要上師？

今天想要修行佛法的人是非常幸運的，他們手邊有大量關於佛法的訊息，以書籍、錄音、網站、視訊的形式呈現，所有這些都非常有用。但對那些要認真追隨心靈之道的人而言，訊息只是故事的一小部分。要全心全意地追隨佛陀的教導，你必須先有一位心靈導師——上師——接受你做為學生。之後，關於你在證悟之道上需要做什麼、需要何時去做等，他會給你非常特定的建議。藉由這種方式，你會節省大量的時間與精力。

啟程邁向心靈之道有如計畫一趟旅行——例如計畫前往馬丘比丘（Machu Picchu）。有些旅行者會投入大量的時間，閱讀旅遊指南或者上「Google」網站查詢最佳路線與住處來計畫旅程。這是個有效的方法，但這只能達到某個程度而已。另外一些旅行者喜歡更簡單、更安全的方法，那就是請一位自己認識、信任又去過馬丘比丘的人同行，讓他帶路。同樣的，希望追隨佛教證悟之道的人，應該依循法教中所稱的「四正量*」（Four Authentics）：

（一）佛陀的純正話語（即佛陀的教法）；（二）對教法的純正闡述，這存在於往昔偉大上師的釋論中；（三）由純正個人經驗得來的結果所做的更進一步的闡述；（四）一位純正的上師為此經驗所做的表述。

實際上，這是指純正的佛教上師會分享他對教法與修持的純正個人經驗；而這些教法與修持，是由純正釋論的相關描述所闡明過的；而這些釋論又精確地代表了佛陀的純正話語。由於純正的上師是此過程裡的關鍵因素，所以，學生對上師擁有絕對的信心與虔敬心是非常必要的。

檢視上師

那麼，我們如何分辨所遇的上師是「純正的」呢？最實際又簡單的方法，就是運用邏輯與常識。上師是否自私，是否以自我為中心？他對輪迴生活是否太感興趣？若是如此，那麼他可能不是你要的上師。若是你找到一位上師，她對輪迴生活並無任何興趣，而且是位非常好的佛法修行者，你仍然應該自問：「她是否具有足夠的慈悲，對我的證悟真正地感到興趣？」

上師可能會以無數的方式啟發你。例如，他的氣味、微笑、衣著，或者他跟你都是同一支足球隊的球迷。無論最初是何種原因吸引你到上師跟前，也無論那個原因是多麼膚淺，它都有可能讓你們結緣。然後，結緣之後，很重要的是你要徹底地檢視他。這個建議來自於佛陀本人，遠在現代世界頌揚言論自由的風潮之前很久，他就強調我們不可盲目地跟隨老師，而應該徹底地檢視上師，顯示他對邏輯與推理的力量異常尊重。除此之外，今日的我們，對於伴隨著心靈教授而來的各種文化包袱，更需要有充分的意識。

全球化讓我們的世界似乎變得更小，在許多第一世界的民主國家裡，具有權力者的操作必須透明化即是一個明顯的表徵。這是一個合理的原則，但強制透明化並不一定會有好處，反而可能造成偽善。過去幾年中，有些藏傳喇嘛受到甚多的批評，大體而言，這些批評都始於歐洲與美國的報紙。就在最近，有位新聞記者寫到關於西藏喇嘛的物質主義傾向，初次讀到這篇文章時，我有點不以為然；後來再讀一遍，卻讓我覺得她確實有些很好的觀點。她描述藏傳喇嘛們如何地責罵富有的現代學生們購買欲太強，接著又指出，同樣的這些喇嘛卻帶著從第一世界施主們吸取的巨款，回到尼泊爾或印度來購買昂貴的新車與金錶。她說得沒錯，這種事一直都在發生。從某種相當狹隘的角度來看，你可以說，如果所有的高階喇嘛賣掉他們的金杯、銀器的話，收回來的錢可能足以餵飽數百個飢餓兒童好幾個月也用不完。

然而，在嚴厲評判這些戴著勞力士錶的喇嘛之前，我們也不要忘記，即使外表簡樸、謙卑的比丘，實際上也可能躲在虛偽的面具之後。當某些喇嘛小心翼翼所樹立的簡樸、謙卑形象稍微被提及可能是個騙局時，他們就會嚇得不敢動彈。對於這些喇嘛而言，以既謙卑又簡樸的形象被大眾所公認是如此地重要，以至於若是被指控自己還隱藏了另一張

「臉」，他們就會痛苦至極。從這個觀點來看，我反而佩服那些我行我素、不為栽培謙卑形象而煩心的喇嘛們，如果他們想一次戴四個勞力士金錶，就去戴吧！然而，我們必須留意自己是以何種邏輯與推理來檢視上師。

老師示現，以啟發學生

一位好老師知道如何能有效地教導學生，但一位偉大的老師能啟發各個階段的學生；從初學者一直到較有經驗的修行者，在他們心靈上變得更加成熟時，啟發的來源也會跟著變化。我們身處於一個批判性的世界，大家都知道，若是美國總統或身價百萬的運動員做了些微可疑的事情，當事件曝光時，他的對手——特別是媒體——就會大肆宣揚報導。同樣的，若是學生們企圖以他所認定的道德正直可靠人士之舉止當作評定上師的基準時，相同的批判心態也會指向上師。但問題是，過了一段時間，當學生在心靈上變得愈成熟，尋找的真理愈高深時，上師必須能夠給予他們相當不同類型的啟發。初學者經常被上師的謙卑與簡樸所啟發；然而過些時候，到了開始要粉碎概念時，如果上師離不開出離者「道德性」的外表與特徵的話，要打破阻礙學生進步的藩籬，他可能就不具足夠的挑戰性。

願意受到啟發，或傾向不再接觸，這兩者都是相對的反應。有些人由於看到托缽乞食的安詳比丘而受到啟發，有些人則是由於半醉半裸的瑜伽士。有些金剛乘學生從穿著稀奇古怪、佩戴大量金飾又不守禮儀規範的上師——而非一位圓滿的比丘——獲得更多的啟發，這顯示我們啟發的泉源是相對而主觀的。不僅每個人會從不同的地方受到啟發，而且，讓十五歲的人感到啟發的東西，等他到了四十歲，就不再具有相同的效果。

因此，無論如何近距離地檢視每位上師，無論以多少方式來評斷他的價值，無論我們的論點多麼符合邏輯與推理，重要的是一定要記住，一切方法都是有限的，百分之百地信任自己的邏輯與分析是極其愚蠢的。

上師

「上師」的梵語「guru」，其中一個詞義是「老師」（teacher）或「大師」（master），代表教授並傳遞知識的人，如教導學徒的木匠大師。假設你毫無天賦且正失業中，還有一家人要仰賴你活口。有一天，某個木匠教你學做木器，和他工作了幾個月之後，鄰居們也開始付錢請你為他們做些木器。想像你會多麼感激教你謀生技能的老師，對他的幫助會多麼感恩。在心靈之道上，我們只能在上師的幫助下才能證得圓滿證悟，這可是比單純餵飽空腹還大得多的工程。因此，當我們發現某人願意接受並教導我們時，感恩是無限的。

金剛乘的經文中提及，對於尋求證悟者而言，上師比三世諸佛的總和還要重要。他的工作不僅是教導，而且還要引領學生。他是我們最重要的同伴、家人、丈夫、妻子與心愛的孩子，因為只有他才能帶領我們達到證悟。

遺憾的是，近年來，「上師」一詞已失去其原有的意義。這個時代的迷惑眾生貪著一切純淨、無染的事物，因此他們緊抓著上師的原則，恣意地破壞它、丟棄它，然後移向下一個他們能踐踏的完美珍寶。這太常發生了，因此在現代世界中，上師不僅不被信任，還經常被通俗文化拿來嘲弄取笑。但是，對於認真追隨心靈之道的人而言，上師的引導是無可替代的。

我們之所以追隨心靈之道，是為了想要戰勝情緒並獲得證悟，而要達到這個目標，我們就需要戒律、指引與勇氣，來面對自己多生多世一直逃避的一切。這正是上師所能提供給我們的：挑戰我們先入為主的概念，攪亂我們的生活，還有最重要的是，否定「我執」的每個願望。因此，如同吉美．林巴所極力建議的，我們將通行證給予上師，讓他來摧毀自己的生活之前，應該對他做大量的研究，因為我們必須能夠完全信任他。不幸的是，如今很少人會關注這種細節，因此這個階段的過程往往就被忽略了。

學生為何需要尋找上師？

是什麼促使學生尋求老師呢？理想上，是為了自己與一切有情眾生的證悟，但從這樣的願望開始是很稀有的。人們經常是在面對災難、身體的痛苦或無望的病情診斷時，才開始對心靈的觀點感到興趣，因為直到此時，我們才認識到生命是充滿了令人恐懼又擔心的無盡痛苦，於是我們開始到處尋找避免它的辦法。在這種背景之下，當我們初次遇見上師時，很可能只視他為可以抱怨、哭訴、討論或祈請的對象，類似是精神病醫生、心理學家，或甚至「神」的替代品。雖然可能會花上一段時間，但最終我們會瞭解，想要從這種痛苦的存在中解脫，唯一的辦法是「證悟」；而要達到證悟，我們只能藉由追隨心靈之道，以及找到一位心靈上師，才有可能成就。

我們對證悟的渴望，有助於對心靈之道培養出真正的虔敬心；但這種渴望很難喚起，更難以維繫。在我們過度擁擠的腦子裡，虔敬心可能會曇花一現，但許多其他鄰近而不安的情緒馬上就會將它染污。然而，縱使我們只經歷到真實虔敬心的吉光片羽，但其價值卻無可估量，因為即使是最輕微的一瞥，也能引導我們走上正道。

理論上，我們是因為渴望證悟而尋找上師，但實際上，學生常常由於相當不同的理由而被上師所吸引。例如，上師可能體態優美，或擁有一個令人無法抗拒的翹臀，或擁有美妙的聲音；而對於我們某些人而言，這些可能就是讓我們有所反應的僅有準則。但是，一旦被勾攝住了，我們就應該試圖將這些世俗的吸引轉為虔敬心，並以對證悟的渴望來追隨上師。如果我們能夠以這種方式調整自己的發心，與上師的關係就永遠不會動搖。但是，如果我們的發心被物質利益或其他的世俗欲望所染污，事情就一定會出錯。錯誤的發心會導致虛妄的期待，這是任何上師都無法令你滿足的。即使我們自認為是心靈道上的學子，但是這種錯誤的發心，仍會令我們經歷世俗的失望，一如我們在輪迴計畫受阻時所感受到的一樣。

當關係逐漸成熟之後，我們不僅會視上師為自己的導師，更會視他為心靈之道的關鍵。他不再只是提供讀書清單、回答無止境問題的那個人，而是我們佛性示現的體現。由於佛性太過抽象，以至於我們幾乎不可能靠自己之力而與它連結上，所以我們得請上師——也就是自己佛性的反映——來替我們連結。這就是「以上師為道」（take the guru as the path）的一種方法。

金剛乘中說，上師即是「佛」，上師即是「法」，上師即是「僧」。「上師」在此不僅是指外在的上師，也指內在的、祕密的上師。因此，從甚深的層次而言，上師不僅是我們的老師，也是我們心靈之道的整體。

上師即是「法」

在佛經中，關於如何跟隨上師，相同的建議一再出現，那就是「四依法」*（Four Reliances）：（一）依法不依人；（二）依義不依語；（三）依了義不依不了義；（四）依智不依識。

在日常生活中，我們很難單憑外表與舉止就成功地判斷別人；而在心靈之道上，過份依賴上師的個性與特質更不是個好主意。如果經過徹底分析，而決定以他為法道，那麼很重要的就是不要再把他歸類為一個「人」，因為從此刻起，上師即是「法」。

不要事後批評自己

雖然你可能已經找到上師，認定了他的純正性，而且也被他所接受，可是過了一陣子，你可能會開始懷疑自己是否做對了事。也許你對上師的分析有破綻？有關他的個性與生活方式，你是否真的檢視了每項該檢視的事？如果你手上時間很多，而且樂於滿足每個散亂的念頭，你大可繼續分析上師，愛分析多久就多久。但是如果你急切地想抵達彼岸（證悟），而且知道時間所剩不多，最快的方法就是單純地選擇一位上師，然後上路。做了這個重要的決定之後，上師將成為你的法道，你也就必須對他培養出堅定不移的虔敬心；因為就一位完全具格、純正的金剛上師而言，虔敬心是極為有力的方法，保證能帶給你無量的加持。但為了讓這一切都一一到位，你所必須先解決的問題是：你考慮要當作上師的人是否具格，而且特別要解決的是，何謂真正的「具格」。

吉美．林巴說，檢視上師以及檢視你自己選擇他的動機，這兩者都極其重要。但是要記住，到了你能分辨具格與不具格的上師時，你已經在心靈之道上進展得很遠了；而一直到那個時候，這會是心靈修持上相當令人迷惘的面向。

純正上師所具有的功德

如今，具格的大師極為稀少；而根據吉美．林巴所述，在三百多年前，具格的大師就已經是間斷且稀有了，他對具格上師稀有的悲痛，如今還被學生們持續地研讀著。那麼，我們應該在上師身上尋找何種功德呢？

純正上師也是佛法修行者

如今許多所謂的「上師」就如聾子音樂家，他們既不修持，也無足夠的佛法知識來正確地教導他人。即使他們擁有佛法知識，也不會把自己所教的內容付諸修持。

龍欽巴說，末法時期的眾生都被寵壞了，不會因接受他人的幫助而感到滿足。因此，如同雛鳥必須先等翅膀硬了、羽毛豐了才會試圖飛翔，修行者也必須先在心靈修持上修養成熟，否則無法真正地利益有情眾生。而且，若無一定程度的遍知能力，幾乎不可能真正地利益他人。因此，龍欽巴建議我們要時時刻刻地提醒自己利益他人的願望，但在心靈之道的初始，更要特別注重自己的修養。

康楚仁波切說，接受未曾修持者的教導，就如你正在生病時去閱讀與治療相關的書，它可能在知識上讀起來令人滿意，但等你真正需要實際幫助時，一本書卻是毫無用處的。

純正上師不會為了獲取利益而調整教法

傳播佛法非常重要，但絕不應該為了物質獲利而教授。果真如此，佛法就會像世界上許多古老的智慧傳統一般，因為失去了力量而衰落。例如，把修持印度瑜伽當作鍛鍊身體的時尚已經幾十年了，當今有多少老師提及真正瑜伽修持背後的見地與動機？或者保留傳統的元素，如對瑜伽老師行大禮拜或在授課時唱誦祈請文？少數是有，但並不多見。大多數的狀況是，瑜伽修持中有關心靈的一切全被省略，讓課程能更符合健康意識強烈的企業員工之時刻表，也讓老師們更加有利可圖。一旦類似瑜伽這種活動變成只是另外一種搖錢樹時，它就迅速地失去了心靈的特質。

你可曾享受過傳統的英國茶，從瓷壺中倒出來，用配套的茶杯與茶盤奉上？它真是優雅！而當純正的「英國茶」氛圍被營造出來時，茶本身便會呈現出完全不同的品質。但如今，能喝到正統的英國茶是另一種相當稀有的經驗；更多人喝的是在快餐店裡買的茶，裝在附有蓋子的聚苯乙烯杯裡，然後在上班途中大口地喝下。這可能是一種快速而有效的攝取方式，但太多東西在這種過程中失去了。大多數上班族對於他們的即溶茶都會相當滿意，但對真正的茶痴而言，沒有什麼能比得過傳統的儀式。同樣的，上師不應該讓佛法去適應忙碌而物質化的人們之需要，因為他們要求的是用一種符合其生活方式的商業式方法來接受教法。若是如此，太多真正心靈之道至關重要的東西，就會因而喪失了。

純正上師歸屬於一個純正的傳承

偉大的薩迦派上師札巴．堅贊說，沒有傳承的上師是不能傳遞加持的。

佛法的基本見地是：所有的事物都由因緣而產生，並非隨機而發生的。因此我們別無選擇，只能依靠正確的因緣去達成證悟。遇見一位心靈上師，而且被其接受，是絕對重要的因緣。因為只有接近上師，我們善良與靈性的特質才能被激發而增長。

「上師瑜伽」的修持，與崇拜外在的個人完全無關，它也不是用來承認某位上師就是我們老師的無聊方法。「上師瑜伽」是建立自己與心性之間的橋梁之唯一途徑，因此，不僅尋找一位純正上師是重要的，他也必須持有純正的傳承。身為一個能力有限的眾生，我們要衡量法道與其道上行者（上師）的效力，只能藉由查訪上師、他的上師們，以及所有同一傳承其他上師們的心靈修持經驗之歷史紀錄。對一個與所有傳承無關，卻聲稱發現某條證悟新道的人，我們把自己的信任感放在他身上是非常冒險的。如果你確定要追隨某位自命為「上師」的人，那麼請切記，你將只能仰賴自己，因為他的聲明是否屬實，完全無法檢驗。他極有可能是個騙子！因此，確定你的上師屬於某個傳承，非常有助於驗證他的智慧與證悟的真實性，如同知道某位學者在哪個大學研習、從哪位教授得到學位，非常有助於驗證她的學術地位之真實性一般。

具格的上師至少必須具足悲心，而且總是為了你的利益，而非他自己的利益而努力。

福德與上師

在此，「福德」再度扮演了重要的角色，因為尋找正確的上師需要大量的福德。若無福德，甚至連遇見心靈導師的願望都不會生起，更遑論能以正確的發心培養出清明的能力，來辨別上師是否既純正又適合自己。找到上師是一回事，有足夠的福德不去懷疑自己的選擇，並能一直相信他又是另一回事——這需要有海量的福德。事實上，在你與上師的關係中，每一階段都需要福德。

在這一生中，你與上師的業緣所積聚的福德一直都潛伏著，有如你在飛往證悟航班的等候名單上等候通知。一旦你遇見上師，那個福德便開始成熟，此後，任何事情都可能發生。然而，你的心靈之道終將如何展開，完全取決於你與上師，例如，他可能會叫你放棄現在的生活，去做完全不同的事。果真如此，那就是你必須追求的法道，因為你必須為了最終能獲得證悟，而付出任何代價。

以虔敬心來度量心靈的進展

在佛法修持的每個階段，理解（understanding）、經驗（experience）與證悟（realization）

都會在你心中增長。因此，無論你有多少信心，由你的證悟結果所歸納的結論，完全是你自己的。因此之故，唯一真正能顯示你的心靈是否有所進展的，就是你對上師的虔敬心以及對有情眾生的悲心，是否有所增長。除此之外，你所有的淨境（vision）、夢境或從佛法修行者協會贏得的獎章，完全不代表任何事情，也都毫無意義。

第二部 II 前行

第七章 皈依 134
第八章 生起菩提心 152
第九章 淨除蔽障的修持——觀修上師為金剛薩埵 182
第十章 供養曼達 198
第十一章 「古薩里」修法 222
第十二章 上師瑜伽 228
第十三章 「灌頂」與上師瑜伽四灌頂 246
第十四章 有關修持的忠告 260

第七章

皈依

為何要皈依？

誘使我們皈依的狀況或條件有三種：（一）恐懼；（二）信任感或虔敬心；（三）悲心。在這三者之中，恐懼是最強大的。

恐懼

對於世俗的事務，特別是跟「得」與「失」有關的，我們總會感到恐懼。由於害怕被雨淋濕，我們躲在雨傘下接受庇護；同樣種類的恐懼，也使得佛教國家的農人與商人們進入佛堂祈請，儘管他們對哲學毫無興趣。對這些人而言，無論是緣起實相或空性，都毫無意義。然而，由於他們身處佛教國家，佛、法、僧就成了他們的「神」；因此，他們如鸚鵡學舌般向三寶祈請，希望能夠長命百歲、生意興隆、五穀豐收，並以物質供養與繞行聖跡做為回報。

儘管這種態度並非皈依的究竟目的，我們卻不應該嘲笑它。因為對於那些信念單純的人而言，這可以是步向更深理解的墊腳石，況且，並非只有生於傳統佛教社會的人才會有這種態度。大多數步上佛法之道的人，都常把佛陀想成是救世主，如同基督徒所想的耶穌一般，而且他們往往是由於恐懼、感到需要保護才來皈依佛陀。這是引導修行者皈依的第一種恐懼。

第二種是對於輪迴痛苦的恐懼，例如害怕自己投生於地獄道。苦於這種恐懼的人不太關心穀物歉收或利率調升，他們最大的恐懼反而是被輪迴所困住而愚弄。他們已培養出「盡所有智」（藏ji nyed pa khyen pai yeshe；wisdom of knowing），認識到陷入輪迴的危險；而且他們對所有眾生的悲心，更引導他們不僅恐懼輪迴，也恐懼僅只希求自我解脫（涅槃）的自私。

除了恐懼輪迴與涅槃之外，金剛乘修行者所承受的是第三種恐懼，那就是對不淨顯相的恐懼。因為只要我們的顯相不清淨，二元邊見之根就永遠無法斷除。

信任感或虔敬心

在我們的生活中，無論做什麼事都需要相當程度的信任感。例如，想喝茶時，你別無選擇地只能相信集合茶葉、茶具與泡茶的技巧，就能泡出一杯好茶。要能成功地做到這件事，其中不能有任何一項元素欺瞞你。因此，如果有個設計精美的茶包，搭配雅致的繩結與標籤，可是裡面卻無茶葉，它就無法以熱水沖成茶。雖然它看上去像個茶包，可是泡不出茶來，因此它是「欺瞞的」（deceptive）。

決定追隨心靈之道，是人一生中最核心、最重要的事。經常，這是人們在曾經信任的世俗目標違背了自己之後，想要轉向更可信任的道途時，所做的決定。如果聽聞、思惟教法與修持禪定讓你感到啟發，很可能你就會選擇信賴佛法的邏輯。而當你逐漸培養出對「佛」、「法」、「僧」不可動搖的信心，也相信這是世上唯一真實的無欺之道時，你更會渴望去追隨它。基於此，於是你皈依三寶。

當然，還有許多其他的理由令人想要皈依三寶，例如，對解脫的證悟功德培養出堅定的信心而想皈依。一旦所有這些理由都讓你信服，解脫的想法將對你愈來愈具有吸引力。換句話說，你對「佛」、「法」、「僧」已經建立起虔敬心與信任感。

從本質上而言，一旦你相信三寶是「無欺」的，相信它代表最高的真諦，你將會以皈依來臣服於這個真諦。

悲心

身為大乘佛弟子，我們領悟到：每一個困於輪迴之苦的有情眾生，過去都曾是我們深愛的人，他們甚至可能犧牲過自己的生命，來滿足我們自私的欲望。由此領悟所感受到的悲心，將成為我們皈依更為重要的誘因。但是即使有了這種領悟，我們仍然無力幫助他們，因為我們也被束縛，並完全受制於自己低劣的條件與狀況之中。

那麼，一個同樣無助的避難者如何給予另一個難民庇護？如同寂天所說，能有比你更強的人護佑你，你就可以護佑他人。因此，一旦皈依了「佛」、「法」、「僧」，你便能庇佑、援助並保護他人。

皈依：理論

金剛乘法本經常以不同的詞彙來表述「佛」、「法」、「僧」，例如「上師」、「本尊」、「空行」（梵dakini），或在《龍欽心髓前行》中的「脈」、「氣」、「明點」，或甚至「法身*」（梵dharmakaya）、「報身*」（梵sambhogakaya）、「化身*」（梵nirmanakaya）。我們描述對誰、對什麼皈依或所用的詞彙並不太重要，重要的是要理解我們所念誦的詞語之內涵，它是指我們接受自己具有佛性，因此能獲得證悟。

想像一下我們要清洗一個很髒的咖啡杯。當杯子浸入熱肥皂水時，你在做什麼？大多數的人會說：「我在洗這個杯子。」不過，真的是這樣嗎？你是在洗杯子，還是在把污垢從杯上移除？母親教你如何清洗時所給的指示（以我們的話來說是「竅訣教授」），就是「去洗你的杯子」。不過，儘管她幾乎每天都這麼說，但她從未解釋過咖啡污垢與杯子是分離而不同的。而「洗杯子」所表達的，其實是從杯上移除污垢，而那個杯子本身現在絕不是、過去未曾是、未來也不會是髒污的。然而，基於多年的清洗經驗，她的竅訣教授在實用上其實是簡單的，每個人都能懂，也都做得到。但是，杯子與污垢是兩個獨立的實體，你所清洗的並非杯子，而是污垢；如果清洗的是杯子的話，杯子將會完全消失。所以，可被清洗的是污垢，與杯子完全無關。

這個例子相當清晰地說明了菩薩乘中最深刻的一個理論——我們都有可能成佛，因為我們都有佛性。問題是我們還需要去證得它，那麼，是什麼阻礙了我們證得自己的佛性？換句話說，是什麼阻礙了我們理解「杯子現在是、過去一直是、將來也還會是乾淨的」？那就是我們累劫以來所積聚的蔽障。

如果你不知道「我們本具佛性」這個訊息而只聽從竅訣教授，你會犯一個相當常見的錯誤。數世紀以來，許多金剛乘修行者誤以為佛陀是一個坐在面前虛空中的人，而我們向他祈求恩賜。這是一種有神論的方法，比較接近如基督教等的一般宗教，而非佛教。所以，當學生們問到這個常見的問題：「我應該修持皈依多長時間？」而此答案：「直到皈依者與皈依對象不可分。」就是在提醒我們，皈依的究竟對象並非在身外，而是在自心的本性之中。

在因札菩提（Indrabhuti）的《智慧成就》*（藏 *ye shes grub pa*）中說，在究竟上，「佛」、「法」、「僧」存於我們心中，而且一切念頭，都是佛、法、僧的示現，即使最短暫的念頭也是如此。所以，在此層次上而言，即使是最不重要的念頭，都未被煩惱所染污，也是本初清淨的，因而含藏了證悟者的一切功德。如同吉美．林巴所說，對於三寶的全然信心，是皈依的相對修持之最高境界；視你的自心為三寶，是皈依的究竟修持之最高境界。

皈依：竅訣教授

「皈依」有多種的竅訣教授。一種方法是我們皈依「佛」為導師、皈依「法」為道路、皈依「僧」為道途上的友伴。另一種，是金剛乘所教授的方法，是要具足絕對的信心認定上師即是「佛」、上師即是「法」、上師即是「僧」；甚至更為明確的——心即是「佛」、心即是「法」、心即是「僧」。

我們為何要觀想上師為佛或其他尊勝的形相？事實上，我們到底為何要觀想上師？為何不直接觀想釋迦牟尼佛的形相，並且相信他就是釋迦牟尼就好？一個非常好的理由是，人類很難想像佛性可以存在於我們這種凡俗的生物當中。其次，我們同樣地難以相信，又打哈欠、又喝茶的人類上師，會是一位真正的佛。他怎麼可能是呢？很多事情他都還不知道，他平時都茫茫然，舉止也完全缺乏理性。不過，有時我們也會有一種強烈的感覺，上師確有非凡之處，我們因而在對他全然信任與懷疑猜忌之間，左右擺盪。

蔣揚．欽哲．秋吉．羅卓（Jamyang Khyentse Chökyi Lodrö）在他關於「上師瑜伽」的解釋中寫到，依據大乘與金剛乘的說法，佛性持續不斷地顯現。然而，如果這種顯現尚未被福德所純淨化（refined），它通常就會以煩惱的形式表現出來，例如瞋恨等情緒。一旦「純淨化」的過程開始進展，佛性就會顯現為悲心、慈愛、理解與寬容，而有時它會以最為純淨的形式——虔敬心——顯現出來。只有透過「虔敬」之門凝視時，才能看見某個我們認為值得聆聽與仿效的人，而我們稱此人為「上師」。

據信，雖然有無量無邊的佛與菩薩曾經示現，並且持續地示現於此世間，但我們大多數的人都因福德不夠而見不到他們；即使能遇見佛，也不具備足夠的福德來認出他，或理解他所說的教法，或對他生起任何虔敬心。提婆達多（Devadatta）就是如此，他是佛陀的堂弟，始終生活在佛陀的身邊，可是他卻未能從中得到絲毫好處，因為他十分嫉妒佛陀。

對我們而言，上師是自己個人的佛。他不僅對我們開示，還無倦、無私地盡力讓我們沮喪、失望，更讓我們脆弱的憍慢受到致命傷，這一切都是為了滿足一個目的——根除我們的我執。所以，從今起直到證悟，我們不僅要以皈依來摧毀表面的迷惑，更要以皈依來拔除迷惑之根，藉由請求上師痛打它、撕裂它、粉碎它，直到它完全被摧毀為止。

那麼，我們何不索性以上師日常的樣貌來觀想他？我們經常見到他，很清楚他的長相，甚至還跟他一起共進過幾次晚餐，或曾陪他散步。為何要把事情變得如此困難，費力地去想像他身披厚重的織錦袍，頭上還頂著西藏人喜歡讓蓮師戴的那種奇怪的帽子？畢竟，現今在世者無人見過蓮師，也不知道他的裝束到底是如何，我們唯一能參考的只有西藏的繪畫和雕塑。

再次的，在理論上，金剛乘教法的主要目的是教導我們如何從不淨顯相轉化為清淨顯相。我們都以慣常的不淨顯相來檢視人類上師，然而，這正是我們必須盡力去轉化的顯相。雖然我們曾聽過，當我們有純淨顯相時，包括牆壁、天花板、地板等身邊的一切看起來會相當不同，但在我們之中，鮮少有人可以在看待世界的方式上立即跨出這麼大的一步。但是缺乏這種能力並非我們當下的問題，重要的是，我們需要盡快去除自己對上師的任何不淨顯相。當他打哈欠、睡覺、無節制地購物或行為古怪時，立即提醒自己，你所看到的只是自心的詮釋，而這詮釋正是需要被轉化的。

要轉化僵硬且二元分別的心所需的努力，遠超過你在心眼中維持著上師是普通人的形相。因此，當你在修持中需要觀想上師時，要想像他以蓮師或金剛總持的形相，出現在你面前的虛空中。以普通人的形相觀想上師，只會讓你對他不淨顯相的習氣永遠存在，或者最多只把他看成是一位友伴而已，因而無法讓你接受自己的上師是「無與倫比」的想法。

皈依：修持

當我們皈依時，必須向「純正的皈依對象」皈依。但這代表什麼？皈依的對象必須是遍知的、悲心的、全能的；具足這三種特質，才可能純正「無欺」（nondeceptive）。如果皈依對象不是遍知的，他將不能辨明我們的困難；如果他是遍知的、但缺乏悲心，或者是具遍知、悲心但缺乏幫助他人的力量，那麼他將不具格做為「皈依的對象」。

皈依對象的遍知如同太陽，遍在且遍照四方；他們的悲心迅疾如閃電，並且全然平等；他們具有全能的威力，能拔除我們所有問題的究竟根源。我們必須一再地提醒自己這三種特質，也應該一如先前所討論的，充分運用智識上的「假裝相信」。不過，這並不容易，你認識的人有多少是全能的、遍知的或悲心的呢？你遇到過這樣的人嗎？還是這種想法古怪得不值一顧？

當然，我們通常可以從智識層面找到接受這種概念的方式，但問題是，皈依並非一種智識的活動。我們皈依之後要將佛法付諸修持，因此，我們幾乎必須強迫自己去相信，具足遍知、悲心與全能的純正皈依對象確實存在，並且要培養自己一再地憶起他們的習慣。

觀想資糧田

在你開始做大禮拜之前，應該首先觀想資糧田。觀想一切諸佛與菩薩眾在你面前，包括上師、本尊、空行，以及上師的整個傳承；或者，也可以專注觀想上師以蓮師或金剛總持的形相顯現（關於此觀想的細節，一般在長軌前行〈皈依〉章節的「資糧田」中會有詳述）。

如果你觀想的是整個資糧田，想像壇城主尊（蓮師或金剛總持）坐在滿願樹的中央枝幹上。在他前方的枝幹上，端坐著釋迦牟尼佛與十方三世諸佛；在他右方的枝幹上，站立著全體菩薩聖眾；左方站立著聲聞與緣覺聖眾；後方是無量的佛教典籍。在你上師的頭頂上，安坐著他的上師，其上方是他上師的上師，如此層疊直到最上方的蓮師或金剛總持。但是，你不用太過努力地想要將他的各個聖眾都一一觀想出來。往昔的大師告訴我們，當國王駕臨時，他的隨眾就會自動地跟隨到來。因此，觀想上師為蓮師之後，你只需要培養完全的信心，相信他的所有隨眾也已現前即可。

一開始，你也許會覺得難以看見資糧田。這常會發生，因為你還不習慣於看著它，也許這就如同澳洲土著在兩百多年前，無法理解巨大的歐洲商船抵達岸邊的景象，因此幾乎視而不見。①或者，就如安徒生童話《國王的新衣》裡的那些子民，不願意承認他們看不到的那件不存在的新衣一般。

再次的，諸位無須太過擔心細節，而是應該專注於生起全然的信心，相信蓮師或金剛總持就在你的面前，既鮮活又生動，還有一切諸佛與菩薩聖眾環繞著他。

在此我必須強調，「觀想」並非要你在心中畫出皈依樹的圖像，那是不可能的。觀想很像是想起你生命中最親近的人。你現在試著想像自己的母親站在面前，此時，我確定你並非在想她耳朵的精細輪廓，或她的腳趾頭是否彎曲，或她的背上有多少顆痣。事實上，這類的細節也許從未在你心中出現過。但在此同時，我也確定你在心中生起了對母親的強烈感覺，你確信那就是她。觀想皈依對象就應如此，而且，你在觀想中所感受到的信心是最重要的。

接著，想像那些令你厭煩、惹你生氣的人站在最前方，靠近著皈依對象；然後是那些傷害過你的人。我們每個人都曾被所關愛的人傷害過，雖然我們也許會堅稱早已遺忘，但鮮少真能如此做到。為了幫助你療癒任何殘留的痛苦，你觀想這些眾生位居上座，並且生起菩提心，祈願他們得到一切美好的事物。如果一想到他們你仍會感到痛苦，那就表示你還未放下他們傷害過你的那種感覺。試著不要專注於此感覺，反而要跟自己承認，你仍然

①當英國探險家庫克船長（Captain Cook）到達澳洲岸邊時，當地的土著對他的船隻毫無反應。根據歷史學者羅伯·休斯（Robert Hughes）在其所著的《致命的海岸》（*The Fatal Shore: The Epic Of Australia's Founding*, New York：Vintage Books, 1986）一書中所說：「那是在澳洲東部海岸所出現過最巨大的『物件』，它龐大、複雜，更不熟悉，因此違反了土著們的『理解』。」

緊抓著痛苦不放。然後，再專注地祈願，願他們能得到所有的快樂，並且希望自己能承擔他們所有的痛苦。要記住，對於想要認真修持佛法的人而言，困難的人際關係提供了修持最肥沃的土壤。

接著，開始做大禮拜。此時，觀想每個人——包括你的朋友、家人與無量無邊的有情眾生，也跟你一起皈依並做大禮拜。這樣做，你就是以追隨菩薩乘的態度在修持「皈依」。

積聚大禮拜數量

為何要做大禮拜？

為何要伸直全身，投向常是骯髒的地面，然後起身再做十萬遍？因為大禮拜是非常直接的皈依方式，並且是摧毀憍慢最好的方法之一。這是臣服於佛法真理的外在表示，也是自己願意暴露並拋棄憍慢的一種表達。因此，當我們皈依時，將自己投在上師足前，並以身體的五個部分（前額、雙手、雙膝）觸碰地面，盡己所能一再地做大禮拜，來顯示我們徹底地臣服於上師。（在西藏傳統中有兩種禮拜的方式，一種是全長的大禮拜，另一種是半長的跪拜，我們通常積聚的是全長的大禮拜。）

據信，大禮拜可以帶來一些利益，例如來世相好莊嚴，或你的話語會具有份量又受人尊重，或能給朋友與同事帶來正面的影響，或有能力管理自己的員工等。有種說法是，積聚大禮拜的修行者將會與聖者為伴，因而莊嚴、富有，可轉生善趣，並終得解脫。

不過對於凡俗之人而言，思惟大禮拜所有的心靈利益與所能積聚的福德，並不必然是激勵我們最有效的方法。反而，做大禮拜有益健康的這個事實，倒是可以成為我們開始行動所需的誘因。沒錯！為了健身而做大禮拜，是個世俗的發心，但我不會反對它。在此末法時期，任何可以鼓勵你修持佛法的方法，都有一些價值，所以，請為了鍛鍊身體開始做大禮拜吧！如果能這麼做，你不僅能省下健身俱樂部的會費，還可以鍛鍊肌肉，並且積聚大量福德。

大禮拜計數：只管去算！

傳統的目標是在此生完成十萬遍大禮拜，如果你有足夠的時間與體力的話，也可以做更多，這是你應該盡力去達成的目標。多快能實現此目標，反而並不太重要，你比道友更快速地完成十萬遍大禮拜，並不代表一定可以最先獲得證悟，你的態度與發心比速度更重要。同時請記住，做一百五十遍大禮拜需要大約半小時，如果每天都能做這麼多，兩年內你就能輕鬆地完成十萬遍大禮拜。

對大多數的人而言，有個預設的目標是很有幫助的。某些人主張不應該太在乎數量，但是很多修行者認為持續記錄修持的數量，既是一種正面的戒律，也是很好的鼓舞。宣稱不喜歡計數的人，老實說，常是因為太懶惰而不想計算，對他們而言，光是買一串念珠來計數就已經太吃力了。他們讓自己對怠惰讓步，是完全失去了重點，因為勉強自己費力去做大禮拜，正是這項修持很主要的一部分。還有一些人擔心，他們會由於計數而對自己的成就過份感到驕傲。他們的論點是，佛法修持是用來摧毀我執與憍慢的，為何反而要冒險去鞏固它？甚至有些人認為整個「積聚」的概念就是意味著自私，如同積聚財富一般，因此不值得去做。

在修行中，如果你強烈地感覺不想計算大禮拜的數量，並且深信這樣做不會幫助自己，那麼無疑地，你就應該計數。除非你正巧是位隱名之佛，否則像我們這種無明眾生，通常在希望達成目標的激勵下，都能完成更多。因此，每天都要記下你的大禮拜數量，即使那天只有十遍。並記住，由於做大禮拜比念誦更難，因此要統計的是大禮拜的數量，而非同時在念誦的皈依文數量。

話雖如此，無論你是在往下拜或往上站，你在禮拜時都應該連續不斷地念誦皈依文，但不需要去配合大禮拜的韻律。中途需要休息時，就安靜地以禪坐姿勢坐下，並繼續念誦皈依文。你可以在每十遍或二十五遍大禮拜之後，就重新提醒自己的發心，這會非常有用。以信心確認上師就在此處看著你，不時地提醒自己，你是為了利益眾生而修行，並同時生起菩提心。

有時，你難免會發現自己做大禮拜只有動作，卻毫無「感覺」。當這種情況發生時，只管繼續做大禮拜。繼續做，比浪費時間去等待「對」的感覺，結果什麼也沒做成要好得多。就我個人而言，當我做大禮拜時，幾乎從來沒有任何感覺。

如何克服你對修行的抗拒

在大禮拜中途禪坐

「厭倦」是另一個問題，如果讓它生根，你就會產生強烈的抗拒感，而完全不想做大禮拜。克服這種「抗拒」的一種方法，是在大禮拜中途穿插禪坐的修持。其他的一些好方法，包括專注於身體的感受，例如膝蓋的疼痛，或思惟每個大禮拜正在摧毀生生世世的惡業，或去想像當你完全如法地做一遍大禮拜時，必定積聚無量的福德。藉由這些方式修持，一旦你被引介到更高的大圓滿禪定與心性時，你終將體會到禪定真正的滋味。

接受大圓滿教法的人，一旦初嘗禪定的滋味，一切就會豁然開朗，你會發現自己無可回頭地迷上了禪定。當然，適應新的習慣需要時間，不過如果你堅持並規律地修行，你的世界將以未曾想像過的方式開展。從那時起，禪坐將一點都不會令人感到乏味。

戰勝怠惰

很多學生抱怨自己太過懶惰，什麼修行也做不成，大禮拜更不用說。為了戰勝他們的怠惰，我建議的方法是閱讀往昔大師的故事，例如密勒日巴的傳記。不過要注意，你精明的心很快就會找到方法來逃避這種啟發之源。如果只靠這種方法，你很快就會變得麻木無感；一旦這種情況出現，那麼即使釋迦牟尼佛本人陪伴你一整個月，也無法保證你會變得較不怠惰。另一個克服怠惰的好方法是念誦祈願文，請求自己受到保護，免於被這種沉悶與乏味的狀態所困。供香、供燈，或每次修持前用心創造能激勵自己的氛圍，也會奏效。

找到激勵自己修行的力量並不容易，即使是最老練的修行者，當他們忘記自己每天都步步接近死亡時，也會失去動力。至於那些需要照顧家庭或工作繁重、忙於餬口的人，就更難找到時間修行了。不過，諷刺的是，當我們有時間時，卻缺乏動力與意志力來激勵自己，結果是花了更多的精力看足球賽，而非修持佛法。

抓住一切機會修行

根據巴楚仁波切所說，我們應該如同飢餓的犛牛，見到草就吃，完全不去思考要留下一塊草地以後再吃。應該將你擁有的每個時刻都用於修行，並且不要忘記計數。要牢記，除非心已調伏且正念圓滿，否則無論我們做什麼，用來摧毀我執與憍慢的方法都會反過來變成它們強大的工具。

你也應該在日常生活中修持，邊工作邊做大禮拜顯然不可能，不過，你可以訓練自己，每次走過一扇門或聽到電話鈴響，就想到「菩提心」。但是要記住，不論你用什麼方法來提醒自己，很快都會變成老套，並且淪為另一個無意義的儀式。因此，要不斷地更換提醒自己的東西，才能讓修行保持清新。

修持佛法就如同剝除層層表皮。一開始，當你看到一層外皮時，唯一的選擇就是剝掉它。如此之後，你很可能突然會被迷惑與懷疑所征服，甚至開始懷疑法道本身。不過，並非所有的懷疑都是有害的，有些是來自你很珍視的「分辨之心」（discriminating mind）；而有時，批判性的分析會有所幫助，特別是當「我執」對自己覺受的詮釋暴露出錯誤時。但我們卻很少去質疑它，事實上，我們總是輕易地就接受「我執」對各種事件的詮釋版本。所以，如果你開始懷疑長久以來自己所接受的真理是否「真實」時，這也許是佛法開始深入你心的徵兆了。

雖然更有分辨能力可能是個好徵象，但切勿停駐在你的批判上，你應該繼續前進。因為，也許你在法道上成功地剝除了一層表皮而有了一點進步，但很快地就要面臨另一層，而那也必須剝除。事實上，無論何時你被困住，解決的方案始終是剝掉另一層表皮。只有當所有這些「進步」與「困頓」的表皮都已徹底清除，你才會抵達法道的終點。

切勿忘記，我們修持佛法的目的是為了證悟成佛，而非僅只成為慈善家或關懷病房義工等仁慈善良的人而已，更非為了獲得認可或獎項。菩薩乘的弟子們不僅渴望自己證悟，更渴望一切有情眾生證悟，重點是：證悟成佛就是獎品。

座修的結尾

當你完成了每天要積聚的大禮拜數量之後，就直接進入下一項修持。當你生起菩提心時，你的皈依對象就是你修行的見證者；而且，在此座修持結尾時，他們化光，而後融入於你。或者你也可以想像他們愈來愈靠近，慢慢地融入於你，而與你無二無別。盡量地安住在這種不可言說的合一境界之中。

第八章

生起菩提心

這個世界上的許多人都很善良。吉美．林巴告訴我們，他這一生遇到過非常多的好人，但他又說，卻很少有人瞭解什麼是「願菩提心」與「行菩提心」。

如我們已知的，「皈依」是解脫之道的基礎。接著，我們要生起菩提心，它是前行修持的精華。

何謂「菩提心」？

概略來說，「菩提心」是令一切眾生都究竟成佛的願望。它是大乘法道的心臟、頭腦、眼睛、血液與脊梁，是絕對不可或缺的修持。事實上，「菩提心」的概念是如此強而有力，僅只是珍視「將解脫的智慧傳遞給他人」的這個願望，就是所有可能做到的供養中最廣大的。

不過，即使是所謂的佛教徒也常會誤解菩提心，以為它只比悲憫的慈愛更高一點而已。慈愛、悲心以及希望讓他人快樂，是時下流行的理想，並經常升格被認為就是菩提心最重要的特徵。但是我們忘了，若無菩提心就無大乘或金剛乘佛教，而這兩個道乘的最關鍵面向，即是理解空性的智慧。若無智慧，悲心本身就非菩提心，反之亦然；這兩種功德都極為重要。

大多數的佛教徒都瞭解菩提心與寬容、體貼、慈善的行為有關，卻很少注意到它與理解「無二」智慧（無二智）相關的部分，而這正是菩提心很重要的一部分。然而，若是缺乏對菩提心的全面領悟，所有的佛法修持都將淪為心靈的唯物主義，因為它失去了使法道如此璀璨、鮮活的精華——菩提心。

根據噶瑪・恰美（Karma Chagme）仁波切❶的說法，唯一能將不善而負面的想法與行為轉變為有益的，並將有益的想法與行為轉變為解脫道的方式，即是透過菩提心。而為了讓自己能生起菩提心，我們必須先創造某種因緣，也就是要先皈依、生起悲心並積聚福德。（要詳盡且準確地理解菩提心對於佛法修持者的重要性，請閱讀寂天的《入菩薩行》。）

菩提心——慈愛、悲心與「無二」的智慧

大乘修行者不僅祈願所有的眾生都能離苦，還要離於苦因，而苦因的根源就是二元分別的心。因此，菩薩不會局限自己於慈善或人道事業而已。如同吉美・林巴所指出的，世

❶噶瑪・恰美仁波切是十六世紀噶舉派大上師，曾結合噶舉與寧瑪派教法，並且是伏藏師南卻・明珠・多傑（Namchö Mingyur Dorje）的老師。

界上有很多良善並極具悲心的人，其中有些更是積極的人道主義者，但是，由於菩提心並不僅僅是對生命的慈愛與關懷，所以這些人並不必然都是菩薩。

那些為他人從事服務的人，有時可能基於完全錯誤的理由在做這些事。他們也可能變得執著於目標而毫無彈性，而且，如果工作未能如願達成，他們會折磨自己，變得自責、內疚又憤怒，這些都是執著的副作用。如此一來，很良善的人會喪失信心、希望與決心；而想要成為菩薩的人，甚至可能會完全放棄追隨菩薩行的努力。因此，無論人們表現得多麼關懷、體貼，他們還是有落入深沉的自我中心之危險。而菩提心會被如此讚歎的另一個理由，就是因為它是對治自我中心最可靠的方法。

「菩提心」被誤解的一個最明顯的徵象，是那些表現得溫和謙卑、永保微笑、從不現出惱怒或生氣樣貌的上師，會被人們尊為「大菩薩」，而經常顯現脾氣暴躁，甚至可能責打弟子的喇嘛們，則被形容為「自大傲慢」。這種區分，很清楚地表示我們忘記了「智慧」是菩提心不可分離的面向。由於我們無法知道這些喇嘛是否完全證得菩提心，僅根據自己對他們行為的感知，就判斷他們是否為菩薩，這是相當愚蠢的。這個例子在說明，誤解菩提心就只是仁慈、溫和與無私地關懷他人，是個多麼容易掉入的陷阱。一旦我們掌握到菩提心更完整的面貌，才會開始理解到某個人是否為菩薩，並不在於他們的外表與行為，而是在於他們對空性的理解，而空性的精要即是悲心。

初學者修持究竟菩提心

你應該以「祈願令一切有情眾生獲得證悟」的發心開始修持，並提醒自己：所做的這一切都是自己的想法，都是自心的顯現。如此一來，你會離「空性」與「無二」的觀念更近一點；同時，你也會很快發現，自己最多能做的，也許就是在智識上培養對空性的理解。當然，談論、研讀或甚至嘗試想像「空性」，相對上是容易的，但是我們所得出的結論總是會掉落在自己極其有限的邏輯禁錮中。我們智識版本的「無二」也許很符合邏輯，但在實際的層面上，「無二」卻非常難以掌握。

如同龍欽巴所說，如何向一個從未品嘗過鹽的人解說鹽的味道？我們所能做的，只是給他一些甜的東西，然後說：「鹽不是這個味道。」當我們談到究竟（勝義）菩提心時，也面臨同樣的問題。缺乏能夠將它解密並詮釋的語言，是我們無法徹底理解它的一個主要障礙。但是在修行中，究竟菩提心並非遙不可及，事實上，正好完全相反。雖然我們的目標也許是超越二元而達到「無二」，但是由於目前我們仍住於二元的領域，因此只能使用二元的方法來試圖理解無二元分別。而且，雖然除此之外別無他法，但我們應該持續祈願得到無二元分別的結果。

培養悲心的力量

直到我們能完整地理解菩提心，否則仍會持續地誤認痛苦是真實存在的。其結果是，我們幾乎必然會成為自己悲心的受害者；而且，若無法充分了悟「無二」，我們的所作所為也都將導致失望。例如，做為一名治療師，你準備花多大力氣幫助一個酒鬼或吸毒者？設想你的某個病人在未來的五千世，都勢必投生為吸毒者。做為菩薩的你，幫助她的決心應當非常堅定，以至於發願生生世世都要在正確的時間與正確的地點投生，以便繼續治療她。

影片快轉，來到第五千世。你的病人投生在一個荒涼而淒慘的國度，為了確保她永不投生為吸毒者，你所需要做的，就只是去跟她度過半天的時光。換句話說，你也因此必須投生到那個悲慘的地方，而且整個生命的焦點就只是讓自己在正確的時間、正確的地點與病人度過那幾個小時。要做到這點，你將需要擁有教法所描述的「力量」與「決心」，而唯有了悟一切現象的如幻本質（或說「空性」），你才有可能找到這種力量。

那麼，如此無私行為所需的非凡悲心力量，要如何培養？如何建立永不放棄的決心？何處才能讓我們找到持續努力的信心與毅力？這每一項特質，都出自於了悟吸毒者、她的問題、她可以被治癒，甚至連她需要治療的這些想法，都只是自心的產物，於心之外，無一實存。了悟了這個真諦，你就能培養強烈而真誠的悲心——菩提心。

在某部般若經中敘述，曾有一次，有位菩薩修行者來找佛陀訴苦，他說，致力於幫助眾生這麼多年，他現在已經筋疲力竭了。佛陀因而對他闡釋了「時間是相對的」。菩薩乘的教法告訴我們，從首次受戒起，直到證得十地果位的最後一刻，菩薩將歷經三大阿僧祇劫的時間。然而，十地菩薩的一個證量，就是理解所有那些無量阿僧祇劫的歷程，都像火焰中蹦出的火苗一樣地瞬間即逝。

還有一次，有位菩薩告訴佛陀他非常氣餒，因為幫助眾生實在是太痛苦了，而且仍然還有那麼多的眾生需要被救度，佛陀舉了一個譬喻來回答。他說，想像一位母親夢見她的獨子被湍急的河流捲走，在這極度的痛苦與絕望中，雖然她完全無能為力，但她完全不顧自己的福祉與安危；為了拯救孩子，她完全不在乎需要花多長的時間，也不考慮需要付出多大的努力，甚至願意犧牲自己的性命。於是，在夢中，她跳下了河，由於堅定的決心與力量，她最後終於成功地救回了孩子，然後她醒過來。她在夢中所承受過的所有痛苦，所付出的一切巨大努力，以及為拯救孩子所投入的時間，實際上從未存在過；甚至她救了孩子一命的想法，也都是一個幻相。

這就是我們的真實狀態，做為修行者的我們，應該記住這個真實狀態。試圖幫助眾生是極其痛苦與困難的，然而，甚至當我們自認已從輪迴噩夢中甦醒時，我們仍然還在做夢。不過，大多數的時候，我們所體驗的一切因緣，都是設定來讓我們相信夢境是真實的，很少會顯示我們的存在其實完全是如幻的。

相對菩提心

若要讓菩提心的所有面向都在心中自然生起，我們便需要經過一些認真的訓練，而此訓練的關鍵就是培養相對（世俗）菩提心。

相對菩提心有兩個面向——願菩提心與行菩提心。藉由四無量心*（four immeasurables）

或其他的修持，願菩提心能幫助我們生起利益他人的發心與意願；修持行菩提心是實際上去從事有益的行為，例如修持六波羅密多*（six paramitas，六度）——布施、持戒、安忍、精進、禪定與智慧。

我們很多人在某種程度上都修持過布施，例如丟一、兩個銅板給地鐵裡的乞丐；不過，如果要徹底地如教法所說的去修持布施，那就是完全另一回事。你能想像割下自己的手臂、大腿，餵給飢餓的老虎吃嗎？這種無私的布施行為，在往昔的大菩薩中並不少見。然而，這並非初學者一開始就能直接從事的修持。

很多新生的菩薩在一時的啟發之下，放棄了自己的一切——房子、家庭與所有的財產等。不過，常常就在幾小時內，他們便懊悔自己的所為。因此，包括吉美·林巴等大師們都一再告誡我們，初學者不應想要立刻完成較為極端的修持，反而應該先修持祈願，然後再慢慢進展到行菩提心與究竟菩提心。

願菩提心

相對而言，願菩提心是初學者易於修持的。例如，願自己做為國王是很容易的，你只要想：「我希望我是國王。」然後整天想像自己是個國王，並且將國王所可能擁有的一切，在腦海裡布施給街上遇到的乞丐即可。如果你仔細想想，這類的願心其實擁有無盡的可能性。例如，當你看到某人有所需求時，你就想：「願一切眾生都擁有他們所需要的一切。」

當然，你也很可能掉入一個陷阱，認為發願根本毫無效果：「那只不過是個願望！發個願當然很好，可是改變不了什麼，它與實際去做完全不同！」如此低估願心的力量是很不明智的。在世俗世界中，所有的一切都是想法與願望在起作用，因此，如果有人認為生起願菩提心是「言行不一」，這是個錯誤的想法。其實，願菩提心不但是「言行一致」的，而且還是我們心靈訓練中很重要的一環。

那麼，為何我們無法將菩提心付諸實踐？主要的問題在於我們初學者缺乏決心，而且願菩提心也相當微弱，因為我們僅有的發願，就只是每天早上有口無心所念的祈願文。因此，我們必須積極練習，讓自己在心中生起一種強烈的渴望，願引領一切有情眾生獲得成佛的究竟快樂。

如同龍欽巴所說的，「發願」是我們初學者唯一的使命與任務。其原因不只是因為我們尚未證得初地菩薩，所以不可能在身體上或實際上做出更高階菩薩的行持，例如砍掉一根手指去餵食大蜥蜴。首先，我們不知道自己的行為是否真能利益我們想要幫助的人。其次，由於我們的菩提心尚未成熟，儘管可能起步時極為熱誠，但當對方無法改變或進步時，我們可能就會灰心、失望、憤怒，或甚至決定再也不去利益他人了。

在《勝鬘經》（*The Srimaladevi Sutra*）中，勝鬘夫人許下了三個大願，並自承若無佛陀本人的示現與加持，她不會有勇氣如此做。首先，她迴向自己所積聚的福德，願能實現她的祈願——在未來的每一世，都得以聽聞佛法。其次，她發願分享佛法給予眾生，永不疲厭。第三，她發願能永遠珍視佛法甚於自己的性命與身體，並且將佛法付諸修持。這是我們所應仿效的人，因為儘管我們充滿罪惡感，被責任所束縛，而且無休止地忙碌著照顧家庭與支付賬單，但這些都無法阻止我們去修持願菩提心。事實上，它是最理想的修持，而且我們也做得到。

將近三千年前，佛陀給了某位國王一些忠告；對於現今事務太多而忙不過來的人而言，這些忠告依舊適用。一方面，佛陀很同情國王管理國家的任務繁重，伴隨而來的責任與義務也很艱鉅；另一方面，佛陀也很清楚，不論國王如何努力，他很難每日、每夜都修持菩薩行。所以，佛陀建議國王對證悟成佛生起強烈的願心與渴望，在心中盡量地生起願菩提心，並隨喜他人的善行。佛陀肯定地告訴國王，將這些修持積聚的所有福德迴向給自己的證悟，如此一來，他不僅能成功履行王室的職責，還能成就做為菩薩的責任，而且積聚無量的福德。

生起菩提心，並不單純只是對那些我們認為需要幫助的人生起憐憫之心而已；比起衷心希望救度眾生的願菩提心而言，關懷他人的福祉是一種比較低程度的悲心。引介真諦給予眾生，揭露並拆解纏縛他們的迷惑之網，或令他們由作繭自縛的自我局限中解放出來，難道還有比這更好的禮物嗎？在祈願令一切眾生解脫，以及希望提供街頭流浪兒童一頓熱飯之間，兩者根本無從比較。

想像喜馬拉雅山中的某個洞穴裡，有位瑜伽士在靜坐禪修。他日復一日地修持相對菩提心，然而在此同時，他周遭山村裡的嬰兒們正以可怕的速度因飢餓而死亡。這些嬰兒顯然需要迅速而實際的援助，可是這位瑜伽士依舊在他的山洞裡，思惟他多麼希望能引領所有的嬰兒、他們的父母親與一切有情眾生都證悟成佛。無論從世俗的角度看起來多麼怪誕，但這位山洞隱士遠比最終提供人道援助的國際組織更值得禮敬。為什麼？因為真誠且由衷地希望他人證悟成佛，是驚人地困難；只是供給食物、藥品與教育，則容易得多。不理解證悟真正價值的人，很難接受這種看法。

寂天在《入菩薩行》第一品中指出：

是父抑或母，誰具此心耶？
是仙或欲天，梵天有此耶？②

（是父親或是母親，或者還有誰有這樣饒益眾生的心呢？是欲天還是諸仙，難道修四無量的梵天發得起這種願心嗎？）

解救身體的病苦是一種世間行，而且只能短暫地解除痛苦；籌畫一切眾生的解脫，則是永久解決所有痛苦的方案。相對於僅給予我們短暫喘息的人，我們對那些希望永遠除去我們所有痛苦的人，難道不應該更加感謝嗎？遺憾的是，大多數的人都未能覺察這兩者的不同，因為我們從未誠摯地希望他人達到證悟。如果有人提供我們一張通往證悟的單程票，我們一定緊抓在手中，根本不會想到要送給他人。

設想你得到了一劑靈藥，喝下去就能獲得天眼通與遍知力。你會把它全部喝下去，還是會與他人分享？在你決定之前，想一想，修行者如何經常嫉妒那些看似比自己更精進的法友。或者，當得知另一位同修接受了一個你未被邀請的更高法教時，你有多麼嫉妒。如

② 《入菩薩行》，第一品〈菩提心利益〉，第二十三頌。（《入菩薩行譯注》，頁8）

果心中生起真正的菩提心，你會開心地看到朋友們如此努力修持，並隨喜他們所得到的一切教授。有一點很容易被遺忘，那就是假如有任何人證悟成佛了，就表示你的希望與祈願終於實現了。

「發願」使初學者謙遜

我必須強調，那些新出爐的菩薩們，他們的慈悲心、菩提心與自信心都尚待成熟，若是過速地採取行動或假想自己負有某種使命，是相當不明智的。如果你一定要有任何使命的話，那就是祈禱與發願，願有一天自己會成為英雄。你最不應該做的事情，就是從第一天開始就表現得像個英雄，那只會帶來失望與挫折。如果你投入自己設定的菩薩事業，例如建造一所兒童醫院或餵飽一整條街的乞丐，而且成功做到了，你很可能反而會受自我憍慢膨脹之害。相反的，如果你許下的願望是祈願所有病童都能得到治療、所有飢餓的乞丐都能溫飽的話，你的憍慢就不太會一發不可收拾，這就是我如此強烈建議初學者要發願的理由。在發願的修持中所含有的自然謙遜感，是使發願如此優美的原因之一。

然而通常初學者都會認為，念誦祈請文與發願都只是「行動」的次級替代品而已，因為當他們不忙碌時，就會覺得自己毫無用處。對我們而言，讓自己有用以及做有用的事，都已成為極端重要的事。我們經常迫切地需要別人認為自己是「能幹」或「有價值」的，但是「有用」與「無用」兩者都是相對的狀態，對於新手而言，祈願自己變得有用，遠比達成任何具體的事件更為重要。

如寂天寫道：

路人無怙依，願為彼引導，
並作渡舟者、船筏與橋梁！③

（願我充當無人保護者的依怙，行路人安心的嚮導，旅客們渡越江海的舟楫、船筏和橋梁！）

求島即成島，欲燈化為燈，
覓床變作床，需僕成彼僕！④

（願我化為島嶼，讓航行的船隻棲泊；願我化作明燈，為企盼光明的人照明；願我變成床榻，供應疲憊者休息；願我成為溫順的僕從，服侍需看護的人！）

一再地如此發願，願自己得以有用，便會逐漸增長你的自信、增強你的心力，直到最終你自然而然變得有用。若無這樣的信心與力量，任何單一、偶發的成功，也許會在一、兩天中讓自己覺得很重要，但你很快便會失去它，那將是極大的幻想破滅。

如何關心他人？

我們為何要關心他人？特別是在今日，生活在貪婪、自私文化中的我們，大都只會關心構築自己的安樂窩。我們自己渴望被關愛，也許就是「為何要關心他人」最有力的理由。在此末法時期的一個深藏的徵候，就是

③《入菩薩行》，第三品〈受持菩提心〉，第十七頌。（《入菩薩行譯注》，頁39）

④同上，第十八頌。

很多人認為沒有任何人會關心他們，因而盡一切努力從朋友、情侶或甚至俱樂部會友的身上，試圖去感受愛。

傳統佛教典籍在談及「菩提心」時告訴我們，首先應從思惟母親孕育自己所經歷的過程，做為我們練習對他人生起慈愛與悲心的開始。當然，我們也要知道，隨著自己所處的文化與時代的不同，我們對於「母親」這個概念也有不同的認知。例如，在這年代有許多孩子被父母忽略與虐待，因而無法對「母親」這個概念自動產生好感，因此，他們可能不覺得這個例子會有所幫助。不過，這只是舉例而已，你也可以選擇去思惟某位姑母、兄弟或好友，你知道對方愛你、關心你，只希望你過得好，跟你分開時會想念你，在午夜醒來時會擔心你。然後，你再想像每個眾生都曾經如此的愛過你、關心過你。

對於我們這種無明眾生而言，當下的感覺與體驗一定遠比過去關係的記憶還要強烈。我確信，我們都能憶起十年前與自己很親近、但現在幾乎很少想到的人，如果我們連此生關愛過自己的人都會如此輕易忘掉，那麼，要記得那些前世喜愛過我們的人，還能有多少指望？然而，有成千上萬的有情眾生，都曾為了我們而犧牲過自己的食物、財富與快樂，我們對於這種仁慈的慣性反應，不都是希望能夠償還這些債嗎？可是，怎麼做呢？我們要如何在此生償還前世的恩情？若是我們無法知道他們到底是誰，又要如何給予他們食物、住所、財富與舒適？我們最佳的做法，就是平等地關愛所有的眾生，盡一切努力帶領他們證悟成佛。

有些修行者認為，最重要的菩提心是究竟菩提心，行菩提心比較不那麼重要，而願菩提心最不重要。不過，事實並非如此，菩提心的三個面向同等重要。大多數的時候，尤其對初學者更是如此，當我們一想到「空性」，腦海中立即會創造出一個空性的畫面，而那與真實的狀態正好相反。這就是為何要建議最好從修持願菩提心開始，逐漸發展到行菩提心與究竟菩提心的理由。

我們生起悲心的對象

根據絨松巴*（Rongzompa）的說法，初學者應該以眾生做為生起悲心的對象，但他並非指眾生是真實存在的。眾生是一種幻相，他們的本質是「空」的，然而對我們而言，他們的痛苦輕易可見，如同空中的彩虹一般。對如此的對象所生起的悲心，不會被執著所染污，也永遠不會讓你筋疲力竭；這種悲心無所局限、無窮無盡，而且絲毫不缺乏智慧。

根據彌勒菩薩的《大乘莊嚴經論》（梵 *Mahayanasutraalankara*），我們生起悲心的對象——有情眾生，分屬若干種類：

- 渴望獲得欲求之物的眾生。
- 受其「敵人」（他們的情緒）所影響的眾生。
- 飽受惡行苦果的眾生，包括投生惡道，以及無法分辨對錯而且不瞭解「因」、「緣」、「果」法則的無明眾生，例如以為只有靠殺生才能生存的屠夫等。

- 持有邪見，因而承受了「額外束縛」者〈除了身為無明眾生之外，他們還接受了有神論者的教導，所以背負了更多需要被澄清的邪見〉；以及喜歡世俗「有毒食糧」之享樂的眾生。
- 因惰慢而「迷失」的修行者；以及那些具虔敬心、精進又不惰慢，但因走入岔路而選擇了如自我解脫道等較低法教者。
- 仍需要積聚大量福德，所以尚屬「力弱」的菩薩。

某些大圓滿或大手印的修行者，如果他們修持的動機是基於對心性的好奇，以及想要更加理解的願望的話，或許也應當被加入上面這個清單。對於修持任何法道的任何佛教修行者而言，這都不是正確的發心，因為無論你修持的是止禪或大圓滿，所有佛教的修行都應該發自對眾生之苦的悲心。

願菩提心——修持

如我們已知的，願菩提心是初學者力所能及的法門。其修持從讀誦大菩薩所著作的殊勝祈願文，例如祈願文之王：普賢菩薩的〈普賢行願品〉，一直到避免任何可能會毀損你願心的行持都包括在內。乍看之下，這非常直接明瞭，因為你需要做的一切就只是一再地祈願眾生證悟成佛。不過，它確實有其難度，因此，你應該想盡各種辦法來維繫這個修行。

舉例而言，有時你會覺得自己在假裝，不論你如何想要真誠地修持，感覺就是不對。

或者，偶爾會感到真實，可是那種感覺立刻又消失了。所以，你要試著對自己的修持感到滿足，不論感覺如何，甚至只是動動嘴皮而已都好，因為至少你已在付出努力。

眾生是無明的，而且煩惱熾盛，我們今天渴望的東西，明天可能會完全排斥；心情也可能從一個極端擺盪到另一個極端，然而，我們對於自己真正想要什麼卻一無所知。即使你有錢能為朋友購買他們渴求的昂貴奢侈品，但你能夠滿足他們對於物質財富的貪欲嗎？雖然大多數的眾生還不知道，但他們真正需要的其實是證悟，所以，要靠你來替他們做決定。發下宏願——「願我帶領一切眾生證悟」，然後，無論發生什麼狀況，都要堅守紀律，依照自己的計畫持續修行。下定決心，永遠不要給予眾生他們認為自己想要的，而只給予他們真正需要的，也就是免於二元分別、執迷與糾纏的自由，以及免於不斷落入「好」與「壞」兩種極端的自由。要記住，經由發願的修持，所有這些都能實現，因此，即使你感覺自己是在假裝造作，也只管繼續修持。

有兩種方法，最常用來生起菩提心：(一)施受法；(二)「四無量心」的一系列觀修法門。

施受法

施受法是一個極好的法門，因為它提供了一種引發悲心與菩提心的具體技巧。我們一再被告知，「自我珍愛」以及只顧自己幸福的習氣，就是我們痛苦的根源與心靈之道的絆腳石，所以，對治它的方法顯然就是珍愛他人。

這方法很簡單。呼氣時，把所有的快樂、美德與物質財富，毫無分別地給予每個眾生；吸氣時，吸進他們所有的痛苦、困難、障礙以及不善的念頭與行為。

施受法讓我們開始調整自己的發心，它也很可能是初學者的最佳法門。如同往昔偉大的噶當巴上師們所一再叮嚀的：「給予他人所有的利益與收穫，自己承受所有的損失與挫敗，這是修持菩提心所需要培養的態度。」

現代人苦於一種嚴重的挫敗，那就是缺乏自尊或一種健康的自我感覺。因此，一些新進的學生會問，如果在施受法中承受了他人的痛苦，是否會導致自己失去自信心？事實正好相反，我們身為菩薩所要培養的態度——渴望將一切美好給予他人，願意承受所有的損失、不愉快或困難——不僅能鞏固自己的信心，而且還能完全去除自尊心匱乏的狀態。

寂天寫道：

何需更繁敘？凡愚求自利，
牟尼唯利他，且觀此二別！⑤

（這些道理明白易曉，何必再多費唇舌呢？愚笨的凡夫不斷追求自利，卻慘遭痛苦；牟尼一切智者一向利益眾生，終成正覺。你瞧，這兩方面的功過得失差距有多大！）

若不以自樂，真實換他苦，
非僅不成佛，生死亦無樂。⑥

（如果一個人不能學習以自己的幸福真誠地去替換別人的痛苦，那麼未來非但不能修成圓滿的佛果，即使在生死中也不會有快活的日子。）

⑤《入菩薩行》，第八品〈靜慮〉，第一三〇頌。（《入菩薩行譯注》，頁174-175）

⑥同上，第一三一頌。（同上，頁175）

卑微的自尊從何而來？那些自尊低的人，通常有很強的我執，他們渴望凡事做到最好，因而每個所遇之人都給他高度的評價；他們認為自我被壓抑而微弱，因此需要膨脹。不過，一旦我們培養了菩薩的心態，我們會幾乎或完全沒有我執，因此，沒有「我」會擔心把所有美好的事物都給了出去，或有不好的東西會前來煩擾。菩薩沒有「我」做為參考點，因此，他們的自信持續增長，讓「卑微的自尊」這種想法甚至連露出醜陋面孔的機會都沒有。所以，不要害怕一再重複地實踐願菩提心。

四無量心

關於慈愛與悲心有一種普遍存在的誤解，它絕對是錯的，但是困難在於它也包含了部分的真理，因此很難糾正。以我們對自己寵物狗的愛為例，這種愛通常來自於我們需要陪伴以及絕對的愛慕與順從——當我們要一條狗坐下牠就坐下時，我們會感到很滿足。在某種程度上，這是一種愛，可是它並不完整。深刻的愛是完全無條件的，毫無任何期待、個人的企圖或自私的動機。若要對狗生起深刻的愛，不僅是要以餵牠、帶牠散步、讓牠保持潔淨等方式來關心牠，而且還要在最可能的層面，給牠發現佛法的機會，最終才能令牠證悟成佛。

如同「四無量心」這個名詞所表明的，這個修持包括四種觀修，從任何一方面都是無量的，包括修持的對象——「一切」有情眾生——也是無量的。

「四無量心」是什麼？慈愛、悲心、隨喜、平等捨。

慈愛——觀修慈愛，能培養「願一切眾生永具快樂與快樂之因」的這種願望。我們以如是的思惟開始：「願一切眾生現在快樂，就在此刻」，然後思惟現在正在忍受嚴重憂鬱之苦的某個人。而當你思惟：「願一切眾生快樂……」時，想像那個人得到了紓解憂鬱所需要的一切，並發願：「願他得遇所有快樂之因，最理想的是得遇佛法。」

因此，第一個無量心是「願一切眾生永具快樂與快樂之因」。這與一般人道主義主張「給予」的想法不同，因為我們不僅是提供某個人一頓飯或一張床，而是給予每個人快樂與快樂之因。

悲心——在此，我們培養「願眾生離於痛苦與痛苦之因」的願望。我們再度想到那個飽受憂鬱之苦的人，以及世界上所有憂鬱的人：「願他們離於憂鬱與憂鬱之因。」在此，「因」是指他們的情緒、惡念與惡行。「願他們當下就離於一切痛苦」，並且「願眾生避免殺生、偷盜、妄語與一切導致不快樂的負面情緒」。藉由這項觀修，你不僅給予眾生快樂與快樂之因，也使他們離於不快樂與痛苦，並且離於不快樂與痛苦之因。

噶瑪．恰美仁波切曾說過，雖然所有眾生都曾在過去某個時候做過他的母親，但是由於她們毫無記憶，因此她們有可能會攻擊他，或與他形同陌路。而在另一方面，我們知道自己與眾生的關係，因此怎麼能不友善地對待每個人？

這也許適用於所有的人。例如，如果你慈愛的母親突然發了瘋，而且攻擊你，你的第一反應可能是擔憂，隨之而來的是對她湧現更深切的慈愛與悲心。

隨喜——接著，經由生起一種愉悅的歡喜，我們培養「願眾生始終不離快樂與無苦」的願望，「願眾生永遠保持快樂」。

在「四無量」的觀修中，「隨喜」極其重要，因為即使我們許下「願每個人都全然快樂」的願望，我們仍然容易嫉妒那些看似比自己出色的人。羨慕與嫉妒是我稱為「失敗者」的情緒，對治此二者的方法就是生起隨喜之心。

平等捨——最後，眾生由於自己的執著與瞋恨而受苦，我們願眾生離於一切期望與恐懼，以及對世間事物（世間八法）的執著與瞋恨，以至於最終甚至連造作分別的想法都不會生起。

如是思惟：

願眾生安住於平等捨，離於偏見、執著與忿恨；
願眾生離於期望與恐懼、貪欲與瞋恨；
願眾生無「家人」或「敵人」之念；
願眾生持平等心，不憎恨敵人，不貪執親友。
以此，願一切眾生與諸法皆平等。

讓這些想法留駐你心，就是平等捨的修持。

修行者必須投入時間與精力在心中生起這四種觀修，雖然它乍聽起來可能有點抽象，彷彿是在建造一座無盡的通天長梯，但是你要始終記得，這是修心非常重要的法門。菩薩需要建立起堅定不移的勇氣與發心，因此你應該於此時此刻就開始。分別觀修每一個無量心，首先應用在你所愛的人身上，然後擴大到朋友與鄰居，最後到一切有情眾生。這並不只是一廂情願的一個修習，在究竟上，我們是在許下一個衷心的願望，願一切眾生離於分別好與壞、對與錯。

「無量」是個值得注意的用詞。把這四者稱為「無量」是有很好的理由的，我們應該以「道即是目標」的觀點來理解它。在目前，當我們祈願一切眾生證悟時，我們自動會想像帶領眾生成佛是一個可衡量的目標，而且這個過程有個終點；不過，它其實並無終點，否則我們所觀修的應該是「四有量心」。因此，我們必須習慣於這個觀點：我們的心靈之道有個「無量」的目標，而我們以「無量」的態度與「無量」的發心來追隨它。換句話說，它是無有目標、無有終點的過程，以及一個無有目標的動機。

行菩提心

六度

修持行菩提心就是實踐「六度」的具體行持，「六度」包括修持布施、持戒、安忍、精進、禪定與智慧。為什麼是六個呢？因為如同彌勒菩薩所指出的，我們需要這六者去對治他所謂的「偏愛」或「嗜好」的六種特定習氣。而且，無論你修持哪一度，即使只是在初學者的層次上，如果你的發心是希望解脫一切眾生，那麼它就可以被歸類為修持真正的「行善提心」。

布施——我們有自認窮困的「偏愛」，而且希望被填滿；對很多人而言，不忙碌幾乎是無法忍受的。我們可以用布施的修持，來對治自己所有貧困心態的習氣。

佛陀曾告訴我們，即使只不過布施一棵青菜，如果能把那棵青菜想像成自己的四肢或一大塊血肉，那將會幫助我們習慣於更廣大的布施。如同先前一再強調的，我們應該以渴望證悟成佛為發心，來嚮往真誠的慷慨布施。不過，我們想要被看成是好人或社團中堅分子的野心，或想要來生更為富欲的希望，經常將它染污了。因此，菩薩對微小而暫時的成就，必須習慣於抗拒其誘惑。

如同彌勒菩薩在《大乘莊嚴經論》中所說，對於菩薩而言，一個乞丐可以是圓滿布施的「因」。所以，當你遇到乞丐時，要這麼想：「這個人正在給我一個機會，讓我種下未來取之不竭的財富種子，他甚至可能是佛或菩薩的化現。供養這個乞丐，無論多麼微不足道，我也許開始結個緣，經由此，有一天我能帶給他證悟的無盡財富。」而金剛乘的教導則說，這個乞丐或任何討厭鬼，可能就是你上師的化現。

持戒——我們還「偏愛」麻煩；為了挑戰這種習氣，做為大乘法道的追隨者，菩薩應持守三種戒律：（一）攝律儀戒——避免諸如殺生、謊言或誹謗等惡行的戒律；（二）攝善法戒——幫助聚積良善功德的戒律，例如皈依、生起菩提心或修持六度；（三）饒益有情戒——利益他人的戒律。

順便一提的是，做為菩薩的你，如果必須說謊或中斷心靈修持才能持守饒益有情戒的話，那也只好這麼做了。你必須永遠從事利益眾生所必要的一切，即使是必須違背前面兩個戒律。

安忍——我們另一個沉溺於其中的「偏愛」，就是易於被鼓動以及情緒極端化。我們需要以安忍來去除這個習氣。

菩薩修持安忍有很多種不同的方法，例如，你可以自願承受他人的痛苦與苦惱；或者，無論生命發生什麼狀況，你在修持上永不妥協，總是以佛法為優先；或者對於那些想要傷害或誹謗你的人，培養一種「毫不在乎」的態度。

我們可以從「相對」與「究竟」的兩個角度，來檢視永不妥協的佛法修持。如果有人傷害你，做為菩薩的你應該培養這種態度：輪迴是苦，如同火是熱的，痛苦無法避免；因此對施加痛苦給你的人，你沒有失去耐心的理由。同時，由於輪迴眾生本具善性，他們施加的傷害是暫時的，因此你更沒有失去耐心的理由。反而，恰如寂天所說，你應該捫心自問，為何在過去會造下導致他人傷害你的業因。

> 因何昔造業，於今受他害？
> 一切既依業，憑何瞋於彼？⑦

⑦《菩薩行》，第六品〈安忍〉，第六十八頌。（《入菩薩行譯注》，頁106）

（為什麼從前要造下瞋害眾生的罪業，以至於今生遭受報應而被人傷害呢？既然一切都根源於自己往昔的業力，我憑什麼瞋恨害我的人呢？）

究竟的安忍，則是理解自己、傷害的行為以及傷害自己的人，這三者全都是幻相。這是我們應該培養安忍的方式。

精進——不論我們如何堅稱自己想要努力，想要真正專注在該做的事情上，事實是我們「偏愛」怠惰、散亂且完全漫不經心。對治這種狀態的方法，就是精進。

「精進」是對菩薩道與菩薩行培養出喜悅。然而，我們生生世世只體驗過追逐輪迴的快樂，要對菩薩行生起喜悅是困難的；要端坐不動、禪修一小時看起來似乎是不可能的。因此，我們必須精進地利用一切可能的方法來增長喜悅，例如聽聞佛法、思惟佛法，或與具啟發性的人聚在一起。

同樣的，當不利的境遇與悲傷來襲，我們必須學會利用它們做為提醒，切勿過份專注於試圖解決難題，通常它們都無法解決。反而，你應該轉而思惟輪迴的艱難與過患，來幫助自己克服怠惰。

禪定——接下來的「偏愛」特別適合於現代人，對他們而言，個人「權利」、個人空間與獨立自主的需求特別重要。我們常常大聲宣告：「獨立自主」是我們幸福的關鍵，但在實際上，我們偏愛被奴役。我們性喜被其他人、事所統御，被鎖鏈束縛、被抓著頭髮拖走，或被氣氛、狀況與處境所拉扯。為了戰勝這項偏好，我們運用禪定的修持。由於這個修持什麼都不用做，因此理所當然的，它絕對不會屈服於各種狀況，而能遠離奴役。

我們所面臨的最大挑戰之一，是無法一次專注在一件事情上，因此多世以來形成習於偏愛散亂的結果。這個老習慣，讓我們難以超越自己矛盾情緒所散發出來的炫目強光——因為情緒的強光經常掩蓋我們。所以，我們必須不斷地培養安住於不散亂的這種能力。

智慧——我們「偏愛」邪見（wrong view）。邪見是一個無限複雜又令人著迷的主題，不過簡而言之，它就是任何一種極端的見解。

當事情未能依照自己所認為的方式發生時，我們會感到震驚，這就表示我們持有邪見。這是因為我們只注意到表層的因緣，而非更微細的層次，才會如此。從表面上看，認為沒有任何事物能無因而生，而且一切事物都是因緣之產物的科學觀點，似乎是一種「正見」。不過，現在也有人幾乎是以不相信「因」、「緣」、「果」的法則而自傲，因此也不相信轉世。在邏輯上，這表示他們也不相信善與惡、善業與惡業的概念。所以，連我們這些自認是佛陀法教（特別是有關「業」的教導）的追隨者，由於習性之故，在內心深處也都相信處境與事情都有可能隨機出現，這並不令人意外。

「智慧」是菩薩最重要的特質，因為如同法稱*（梵 Dharmakirti）所說，無論培養深刻、寶貴的慈悲心有多麼重要，這樣做並不能從根本上否定無明。因此，只是培養慈悲心無法根除輪迴。

學生們經常會問一個問題：「在佛教中，『罪』（sin）是什麼？」從藏語翻譯過來的「罪」通常是指「非善」（non-virtue），它是從這六種偏愛中衍生出來的任何東西，它可能與某種偏愛，或幾種偏愛的組合，或是所有的偏愛都同時有關。

在傳統上，未修持六度的眾生被形容為如同迷失在密林或沙漠中的盲人。形容他是「盲人」，是因為他不知道什麼該做、什麼不該做，而且沒有朋友或導師引導他。他缺乏布施資糧的滋養，也無持戒盔甲的保護，他的安忍財富已然耗盡，推動他向前的精進也不夠穩定，他因不具禪定而無處棲身。最糟的是，他沒有可做為扶持的智慧枴杖。

不過，永遠不要以為「六度」超出你的能力所及；因為，如同寂天所說，沒有什麼是你不能習慣的東西。

究竟菩提心

當你一開始接觸菩薩乘的教法，就想要應用空性來對治我執的話，可能會有些困難。

若是如此，最好的替代對治法，是單純地生起令一切眾生證悟的願望（菩提心）。

然而，如果你接受過如何修持究竟菩提心的教授，無論是來自大圓滿或大手印傳承，或來自於修觀，或「輪涅無二」、「樂空不二」，或單純地就是空性的次第指導，那麼你當然要依其修持。如果你尚未接受這些教導，做為渴望理解並修持究竟菩提心的初學者，聽聞與思惟究竟菩提心可以當成你的究竟菩提心修持。

座修的結尾

當你完成「皈依」與「生起菩提心」的修持時，觀想資糧田融入於你，並將你的心與上師的心合一。然後，盡量地安住在這種不可分別（inseparability）的境界中（幾秒鐘、一分鐘，或甚至一小時），毫無任何造作。這可以被視為究竟菩提心的禪定。

修持「生起菩提心」的方法，通常是念誦法本。不過請記住，重複念誦前行的相關偈頌，而欠缺真誠地以眾生證悟成佛為修持的發心，是完全無用的。

至此，你對如何生起菩提心來對治我執，應有更深入的瞭解。很顯然的，我們永遠不應以有一天會被公認為大菩薩的野心來生起菩提心。

沒有人能一直只跟自己喜歡的人相處，因此，當你不得不與你非常討厭的人共度時光時，用心去想些好的念頭，無論它們看起來多麼微弱、造作或甚至虛偽。要提醒自己，你對他人的反應只不過是你自己對於「他們是誰」的詮釋而已，而且你要反過來，試著站在令你煩心者的立場上去著想。你要記住，他們跟你同樣的神經質，也跟你同樣的被自己的強烈情緒所迷惑。或者，你也可以想像這個讓你惱火的人，是諸佛與菩薩派來幫助你生起更多菩提心的人。

在任何情況下，永遠要努力培養善心，因為善心畢竟是慈悲心與菩提心的關鍵。若無菩提心，你的一切修持將只會增強自己已經非常龐大的我執。有一顆善心並且修持慈愛良善（這是以不同方式形容同一事物），會是菩提心的種子；不過，除非你同時生起解脫一切眾生的願望，否則菩提心永不會在你的心中盛開。

對於在閉關中修持「生起菩提心」的人，資糧田的觀想極其重要。它與你修持「皈依」時的觀想完全相同，不過在此處，諸佛與菩薩示現來見證你的決心。在這些聖者面前誓願引領眾生證悟成佛，不僅能保護你免於障礙，還能讓你對菩提心的感受更加真實，也因而更具利益與力量；它還將鞏固你的神聖承諾，讓你不會食言。

菩提心架構

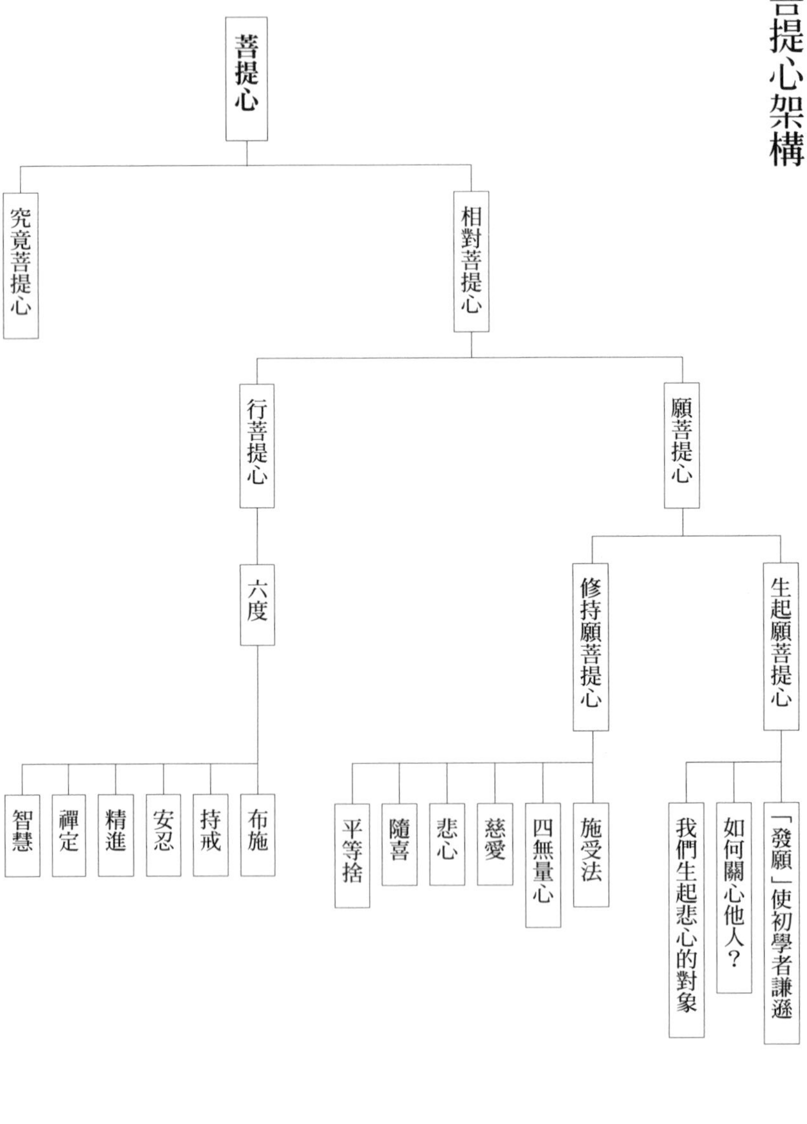
菩提心
究竟菩提心
相對菩提心
行菩提心
願菩提心
六度
修持願菩提心
生起願菩提心
智慧
禪定
精進
安忍
持戒
布施
平等捨
隨喜
悲心
慈愛
四無量心
施受法
我們生起悲心的對象
如何關心他人？
「發願」使初學者謙遜

第九章

淨除蔽障的修持——觀修上師為金剛薩埵

所有前行修持的精義，是要把習性上僵固的心訓練得較為柔順而靈活。我們每個人都因為僵固的心而受苦，為何會如此？大都是由於我們很輕易地就屈服於情緒的反應，以及令我們生起情緒的對象——期待與恐懼。長劫以來，我們一切的思惟與感覺、一切的詮釋，幾乎都根基於期待或恐懼；而它們轉而又將我們的心束縛於動盪的情緒之中，以至於它對情緒毫無任何控制力。因此之故，根據聲聞乘的教法，我們需要「調伏」自心，菩薩乘的看法是「修」心使其有用，而金剛乘的觀點則是去「認識」心。

然而，為了單純起見，我們就用「修心」這個詞。「修心」的第一步，是要反覆地認知並思惟輪迴生活的徒勞無益。如我們已知的，持續珍惜世間法的任何面向，就會讓我們基本的心態產生漏洞，最終將危害到我們的佛法修行。因此，真實地認知世俗活動、物質財富與人情關係都毫無實義，是極為重要的。如我們已知，思惟四共加行（轉心四思惟）是個好方法，能讓我們鮮明地認知輪迴終究是毫無結果的。雖然佛法蘊含了廣大殊勝的教法寶藏，但是只要將「轉心四思惟」的教法加以反覆聽聞或思惟，就能積聚無量的福德。

經由修持「皈依」，讓我們將注意力從錯誤的法道轉入正確的法道；經由「生起菩提心」，讓我們從窄道趨入寬途（小乘趨入大乘），這是前行修持的前兩項基礎。接著，「金剛薩埵」的修持教導我們如何清除並淨化承接佛法甘露的容器——我們的身、語、意。

根據金剛乘的說法，我們的色身與心同樣都是法器，因此也需要清除與淨化；菩薩乘與聲聞乘的傳統則持不同觀點，他們認為只有心才是法器，而且，雖然他們同意心需要調伏，卻堅持身體只是心的奴僕，因而建議對待身體要如主人對待奴隸一般。做為奴僕，得以享有食宿的回報；然而主人必須小心不過度地放縱奴隸，以防被奴隸占到便宜。前文已引用過寂天的偈頌，這裡值得再重複一次：

若僕不堪使，主不與衣食；
養身而它去，為何善養護？①
既酬彼薪資，當令辦吾利；
無益則於彼，一切不應與。②

然而，從金剛乘的觀點而言，色身是我們自己最明顯而具體的部分，因而在法道上

①《入菩薩行》第五品〈護正知〉，第六十八頌。（《入菩薩行譯注》，頁77）。

②同上，第六十九頌。（同上，頁77）。

的每個階段都可用它來做為工具，而非只是奴隸或容器。因此，身體每一部分的結構、感覺、健康與滋養，無論是內在的或外在的，在解脫道上都至關重要。

蔽障與染污——惡業

《本生鬘經》（*Jatakamala Sutra*）中說，每當魔眾看到有人致力於解脫道時，他們就會大為恐慌。佛法初學者必定會在法道上發現許多無價之寶，但同樣的，也很可能會攪動出許多障礙，這就引導到我們本節的主題——惡業。

在佛法中，「惡業」是描述蔽障與染污的多種方式之一，而蔽障與染污通常都會化現為障礙，那是我們需要淨化的。然而，突發於你計畫中的一個討厭的小問題，到底是障礙或是加持，卻很難說。有時，修行者歷經很久的修持，但那些看起來特別頑固的障礙卻似乎不被影響，以至於他們認為自己的修持無效。但他們錯了。事後看來，他們才領會到，原本迫切想要除掉的障礙，其實卻是發生在自己身上最美好的事物。這類的轉變非常普遍，修行人有此經驗之後，就會開始理解到「逆」境遠比「順」境更能為修行提供沃土。

那麼，我們修持金剛薩埵法要淨化什麼？最關鍵的是，要淨除我執所產生的染污。雖然它在本質上是暫時性的，並無任何一種特別難以淨除，但是由於染污長久以來就是我們業力構成的一部分，它已經成為深植的習氣，因而要區別「我」與「我的染污」，看起來幾乎不可能。而正因為它們如此難以區別，我們努力去淨除染污就更為重要。

對金剛乘的修行者而言，一提到「金剛薩埵」之名，自然就聯想到「淨化」與「清除」的原理。由於這兩個詞都意指「污垢」是存在的（由於缺乏更精準的語言形式，我們就只能使用「污垢」一詞），這就引起了我們極端的焦慮，唯恐染污與蔽障會曝光——大多數的人都會竭盡所能地去避免這種折磨，而寧願專注於自己良善的品質。然而，淨化染污就是揭露自己的佛性；如果佛性不是我們本具的一部分，那麼，試圖淨化染污就毫無意義。這一點極其重要，因為只要我們理解這一點，就不會為了自己的過失而使情緒受到攪動。很多修行者忽視了「淨化」的這個面向，卻耗費所有精力，不肯承認任何個人的污垢，更不承認控制著他們的瞋恨、嫉妒與貪欲。因此，與其擔憂所需淨化的一切東西，更有效的是利用「金剛薩埵」的修持，來專注於揭露自己的佛性。

以清洗帶有咖啡污漬的杯子為例，就很容易說明這一點。為何我們決定要清洗這個杯子？因為你希望它變乾淨。但如果杯子永遠都是骯髒的，那麼無論多麼努力嘗試，你永遠也清洗不掉污漬，整個過程也會由於備受挫折而極度痛苦。這就是我們將「金剛薩埵」的修法要點想成是「揭露」佛性，而非「淨除」染污的原因。但諸位也要牢記：佛法的教授，尤其是金剛乘的教授，對「污垢」並無反感；污垢並非杯子，而是全然不同於杯子的東西。

為何要觀想上師為金剛薩埵？

你的上師即是你虔敬心與福德的投射，而虔敬心又是你佛性與福德的顯現。若無福德，你就無法在遇到上師時認出他來，或一如提婆達多，覺察不出上師的一絲功德。因此，在認出上師的能力上，福德扮演了極重要的角色，而虔敬心就是這種福德的體現。

在前行修持的過程中，上師的角色會發生轉變，就如同一個女人的角色會隨著她各種互動所需的目的而轉變一般。對她的母親而言，她是女兒；對她的丈夫而言，她是妻子；對她的雇主而言，她是清理屋子的人。同樣的，一切諸佛與菩薩本質上完全同一，但由於我們是二元分別的眾生，因此，每位佛與菩薩不同的名號、顏色與外貌，能幫助我們聚焦於特定的工作上。在此修法中，是將你的上師觀想為金剛薩埵，來淨化你的染污。

從技巧上而言，另外一個很好的淨化蔽障方式，是觀想蓮師（而非金剛薩埵）在你的頭頂，並持誦「金剛薩埵百字明咒」、「六字金剛薩埵咒」或「十二字蓮師心咒」——金剛乘確實是各種不可思議法門的寶庫。然而，淨化蔽障的力量總是與金剛薩埵連在一起，因此，他的修法是被公認最殊勝的淨化蔽障法門。佛教史告訴我們，金剛薩埵如此巨大而驚人的淨障能力，源自他在菩薩因地時所發的大願；他發願一旦證得佛果，僅是他的名號，就足以淨除甚至最嚴重的染污。

在此修持中，我們觀想上師為金剛薩埵。在此，學生們總會問：「為何不直接觀想上師本人？」在此，將上師觀想為平常人的一個風險，是當你懺悔時，可能會想有所隱藏。畢竟，如果你的上師只是個平常人，他怎麼會知道你是否完全坦白？不是有很多次，都顯示出他對你的許多作為全然不知嗎？而這種明顯的了知落差，不就讓我們在某種程度上更確定他並非全都知道嗎？我們都受了制約，因此不會在上師面前行為不端；但如果我們背著他所做的事被他知道，我們會極為尷尬。所有這些狀況，都會使得我們對上師培養強烈虔敬心或視上師為佛，變得更加困難。因此，我們要將上師觀為遍知佛陀金剛薩埵，他了知過去、現在與未來的一切；面對他，你無所隱藏。這是坦承自己所有可恥惡行的良機，而且你會發現，一旦懺悔了，你就會感到極大的解脫。

虔敬心——深信咒語與觀想

米龐（Mipham）仁波切在其對《幻化網根本續》（*Guhyagarbha Tantra*）所做的釋論《祕密藏密續現觀論》中說，無論修持何種壇城本尊，你的觀想必須清晰而生動。不過，對於觀想有困難，只能觀出模糊、抽象的概略形相者，如果對上師、法道與咒語的效力具有真正的虔敬心且深信不疑的話，無疑地仍將獲得一切共通與殊勝的心靈成就。

虔敬心有很多層次，最殊勝的虔敬心是對本尊與咒語之無二無別，具有絕對的信心。如果你還無法生起最殊勝的虔敬心，那就嘗試發展出不動搖的虔敬心，也就是對佛陀與上師的教導深信不疑，以完全成就咒語與觀想的修持。

對咒語之力的虔敬與信心也極為重要。做為前行修持者，當你念誦「百字明咒」時，即使在座修中的心既狂野又混亂，你也必須以專一的虔敬與信心，相信心咒即是金剛薩埵佛本身。米龐仁波切寫道：缺乏智慧而無法領悟密咒乘（mantrayana）甚深意義的人，由於他們固執多疑、不斷分析的心製造出許多內在障礙，因而不可能獲得成就。無論心如何散亂或遊蕩於十方，密咒修行者也必須完全相信咒語宏大的力量；即使天空不再，咒語之力依舊長存。

四種力

令金剛薩埵修法見效的關鍵因素包括：

（一）對金剛薩埵可以淨化自己的能力所深具之信心；

（二）對過去、現在與未來一切惡行之真誠懺悔；

（三）永不重蹈那些惡行之堅定決心；

（四）對修持之力的堅定信念。

現在，我幾乎可以聽到你在想：「我很確定我一定會犯下惡行！我控制不住自己！所以，我也許最好別修金剛薩埵法了。」這種念頭，代表了你只從字面上來理解這些訊息。要記住，你是個「修行者」，這意指你的修持是要讓你慢慢地習慣於新的行持與思考的方式，沒有人指望你立即就能守住所有的誓言（儘管你始終應該竭盡全力去做）。

即使你想不起來此生做過何種錯誤或悔恨之事，但你能確信永遠都不會嗎？過去世你也從未犯過任何惡行嗎？不論你意識到自己的惡行與否，重要的是懺悔自無始以來所做過的每一個惡行，並且下定決心永不再犯。你必須相信上師金剛薩埵（Guru Vajrasattva）是真正的遍知、全能、具足大力與悲心，當你修持時，他就在你面前，而且你的修持必定見效。

觀想

想像自己為平常的樣貌，具有染污等一切，然後觀想上師化現為上師金剛薩埵的形相於自己的頭頂上。他應如水中倒影般顯現，也許最初略顯空洞、呆板，但逐漸地愈來愈生動。（要知道倒影如何顯現，就看看自己在鏡中的面容，當你移動時，你的影像也隨之而動。）

金剛薩埵全身白色，佩戴各種報身的莊嚴，並擁抱著佛母。右手持金剛杵，置於心輪處；左手握鈴，置於左膝上。在他心間現出一小月輪，月輪中央豎立著「吽」（HUM）字。你毫無懷疑地確信金剛薩埵是一切諸佛之心的化現，並以全然的信心強烈地引請他，深信他就坐在你的頭頂。

流下甘露

當你念誦「百字明咒」時，觀想從「吽」字放出無量光芒射向十方*（ten directions），並湧出無量的供品，例如鮮花、熏香、印度浴堂、華屋、園林、孔雀、大象等各式各樣你所能想到的美妙悅意之物。這些供品隨著光芒，敬獻給十方諸佛與菩薩，然後，光芒帶回諸佛與菩薩的加持，收攝回上師心間的「吽」字。繼續念誦咒語，從「吽」字流出如光或牛奶般的甘露，充滿金剛薩埵的身體，然後從他的密處流入佛母的身體，充滿她全身。甘露源源不斷地從「吽」字湧出，自兩位本尊的各個毛孔，尤其是他們的密處溢出，如瀑布般流下，自你頭頂的梵穴傾入。

當甘露流經你額頭時，它將所有的疾病、蔽障、染污與惡的能量都沖刷而出，經由你的肛門、密處與足尖排出體外，所有身體的疾病都化作膿與血離開你的身體。想像它淨除了所有與「身業」有關的染污，即殺生、偷盜、邪淫所積聚的惡業，以及所有身體上的疾病與症狀，例如頭痛、胃痛等任何屬於「脈」的染污。「脈」是遍布全身的能量中心與輸送通道。當我們殺了人、吃了被蒙蔽者或破戒者所準備的食物，以及與這種人相處或於其住所駐留，「脈」就會被染污。我們在金剛薩埵修法中將堵塞並生鏽的「脈」與「輪」*（梵chakra）加以清理，如同以強烈漂白劑清洗廁所一般。

你可以在觀想中具有創意。例如，當甘露流下並淨化時，你可以想像身體真的開始變色。依此，當甘露流至額頭時，你的頭顱上半部就因清淨而變白，而身體其他部分仍然暗黑骯髒。這種方法能增強你觀想的力量，如果你認為可能有用，不妨一試。

再次的，請記住自己只是個初學者，因此，期望在一座修持中就建立起所有觀想的細節，是不太明智的想法。當然，如果你能做到，那就應該盡量地詳細觀想；否則的話，盡力即可。

如果你正在積聚十萬遍「百字明咒」的念誦，你可以在每座練習中，分別著重不同的面向去觀想。例如：第一天，邊持咒邊集中觀想金剛薩埵在頭頂上。第二天，著重於心間的「吽」字，其餘部分可以稍微模糊一點。第三天，著重於甘露流下。到第四天，則將前三項全都一起觀想。如果時間很充裕，你也可以用一週或一個月的時間只觀想甘露流入額頭，然後再花一週或一個月的時間觀想甘露流至喉部。若時間不多，則只花半小時觀想甘露流至額頭，再花半小時觀想喉間。或者，你可以嘗試花十五分鐘、五分鐘或兩分鐘練習各個不同的階段，這完全由你決定。但是，務必保持靈活。

當甘露流至喉嚨時，雖然嚴格來說它能淨除一切染污，但你可以想像它特別淨除了有關「語」的染污，例如妄語、惡語、恐嚇語、粗話、綺語與持咒時所犯的錯誤（缺字、增字、發音不準確等）。同時，它也淨除了有關「語」的失序與惡的能量，例如，常被誤解（當你說「右」時，人們卻認為你說的是「左」）；或雖然你心地善良，但你所說的一切卻引人厭煩，那是因為你的語言或指令缺乏力量或誘惑力，或甚至是誘惑力太多之故。

對金剛乘的學生而言，淨除「氣」或「內氣」*（inner air）的染污特別重要，而金剛薩埵修法就是最能達到這個目的的方法。有很多種狀況會損害或染污我們的「氣」，例如呼吸到不好的空氣、抽大麻或雪茄、飲酒、誹謗金剛乘上師、對清淨現象做二元分別的判斷，或只是吸入了不好的熏香等。我們每天都在各種不淨之物中呼吸而染污了自己的「氣」，因此有必要加以清除與淨化。

一個極為有力的觀想，是想像甘露流經你的身體，帶走「氣」的染污，並以黑色液體的形式從肛門、密處與足尖排出。然後，所有於「氣」中之惡的能量，則化作蝴蝶、蠍子、昆蟲與其他動物等離開你的身體。

當你持續念誦「百字明咒」，甘露流到你的心輪時，它淨除了一切與「意」有關的染污，例如包括由於嫉妒、競爭心、瞋恨、自私、憍慢、貪欲、瞋恚、邪見等所造下的惡業，以及以心靈修持為名而獻祭生靈的邊見所造的惡業。我們在前世必定已經累積了許多這種染污，並且仍持續地受到染污。另外，還有許多「意」所受的干擾，是由於「明點」（即精滴〔drop〕或菩提心）受到染污的結果，諸如憂鬱、焦慮、神經質、暴食等，甚或鼓動我們要比別人更快獲得證悟的一種近乎瘋狂的極度野心，而這些都只是明顯的例子而已。此外，我們絕對還有其他許多與「明點」有關的微細染污，它們在根本上分離了主體與客體。而我們無法融合主體與客體以及顯現與空性，就是最微細的一種染污。

另外，還有很多創意的方式來進行這項修持。你可以一步步地從頭頂、額頭、喉間等依序觀想，也可以全部一起觀想，更可以分階段修持。例如：第一天，淨除「脈」的染污並接受寶瓶灌頂；第二天，淨除「氣」的染污並接受祕密灌頂；第三天，淨除「明點」的染污並接受智慧灌頂與文字寶句灌頂。你可以自行決定要如何修持。

雖然主要的灌頂在「上師瑜伽」時才進行，但我極力鼓勵你如是理解：淨除身體的染污與「脈」的蔽障之後，你也接受到了寶瓶灌頂；然後，當甘露流經喉間時，你接受了祕密灌頂；而當甘露到達心間時，你接受了智慧灌頂與文字寶句灌頂。（有關四種灌頂更詳盡的說明，請見第十三章。）

最後，觀想一切髒污的甘露融入大地，或消融於空性中。

觀想「融入」

當你完成預定的「百字明咒」念誦數量後，上師金剛薩埵融入於你。有關「融入」的過程已於第五章闡明。在此，我只想補充，因為這是如此強而有力之修持，你可以一而再地將本尊融入自身，並觀照這種「無別一體」。如此，你顯示你即是佛，而且自無始以來一直都是。同時，你無須等到修持的最後才將觀想融入，你也可以在修持中途——例如在每念一輪念珠結尾時，就觀想金剛薩埵融入於你，然後在下一輪念珠開始時重新建立觀想。這是一個很好的方法，我推薦給那些有充裕時間修行的人。

在一座修持的結尾，金剛薩埵最後一次融入於你，與你無二無別。安住於此境界中，並觀照此「無別一體」。

如果你修的是《龍欽心髓前行》，此時你仍然自觀為金剛薩埵，並念誦：「嗡．班雜．薩．埵．吽」（OM VAJRA SA TVA HUM）。由於你已經清除並淨化，因此，當你念誦此短咒時，單純地歇息於「自己就是金剛薩埵」的信心中。無須顧慮這種境界的消失，它將自行消失——如果你夠幸運的話，也許能安住於這種境界大約半秒鐘。

三昧耶

大多數的法本在〈懺悔〉的章節中都包括了「三昧耶」（samaya）的內容。修持金剛薩埵法的人，需要遵守三個共同的三昧耶：（一）不傷害眾生；（二）幫助眾生；（三）保持清淨顯相，尤其是對上師的清淨顯相（淨觀）。

什麼是「三昧耶」？做為金剛乘修行者，我們同時修持三乘*（three yanas）——聲聞乘、菩薩乘與金剛乘，因此稍微瞭解每一乘的「三昧耶」理論，可能會有所幫助。

在聲聞乘中，「三昧耶」被理解為有如圍籬，它立基於不傷害眾生的原則，因此我們戒殺生、戒妄語、戒偷盜。根據這個系統，如果你依循心靈之道前往證悟之巔，「三昧耶」這道圍籬將一直保護著你的道途，確保你永遠不會試圖想要冒險走入歧途。

菩薩乘比聲聞乘見地更為寬廣，更取決於發心，因而菩薩乘的圍籬也更高、更寬。依據菩薩乘的見地，如果偷盜能夠在某種方式上利益他人的話，那麼，若你不偷盜就是毀犯了三昧耶。但同時，「利益他人」並非成為某種現代的羅賓漢；真正的利益他人，是指帶領他們得到證悟。

保護金剛乘弟子的園籬就更加複雜了，因為它基於清淨顯相的培養與維持。金剛乘中有許多三昧耶，除了至少有「十四根本戒」*（fourteen root samayas，十四條根本三昧耶）之外，所有的三昧耶都很難持守。例如，認為某位女子美麗而另一位醜陋，就是破壞了「金剛身三昧耶」（samayas of vajra body），但如果你能持守此三昧耶，那你早已徹底消除一切二元分別的念頭了。第八條根本三昧耶是禁止你不當地對待身體，從本質上而言，你的身體就是五方佛部，因此蔑視與虐待身體都是毀壞三昧耶。我也必須補充，如果有人認為自己毫無價值、一無是處，於此世間純屬多餘，那麼他也毀犯了此三昧耶。

第七條根本三昧耶要求你將上師、修法與所有修法所依物，都保守祕密，這對現代人而言極難做到。現今，連持守教法的時間、地點這種最普通的祕密，其目的也會被嚴重誤解，使得那些不在名單內的人感到嫉妒與被排斥。從更隱微的面向上來看，當密續上師告訴學生對某個指導要保守祕密，學生往往不知，他們若能依此而行，修行就更容易增長而成熟；但他們如果到處對外宣揚，很可能就會招來資訊不完整的各種反應，因而開啟了障礙之門。

別解脫戒*（梵 pratimoksha）如同陶罐，一旦破碎就很難修補。因此，如果某個聲聞比丘未曾放棄戒律，為了滿足欲望而與女性發生關係的話，此生他就不能再重新受比丘戒。然而，菩薩戒與金剛乘戒卻如同金罐，雖然金剛乘初學者每天都絕對會毀犯這些戒律與三昧耶，但只要留意照護，毀犯的戒律很容易就可以被修復（例如藉由念誦「百字明咒」），這如同優秀金匠修補過的金罐，甚至可能比之前的還要精美。

蓮師曾說，金剛乘修行者的見地應如天空般廣闊，而其行為應如麵粉般細膩。但我們如何在這麼多矛盾之下，還能持守所有的規矩呢？我們所能做的最佳狀況，就是遵守別解脫戒與菩薩戒，然後至少努力去理解金剛乘戒。對初學者而言，絕不可能持守所有的金剛乘戒與三昧耶；因此，應著重於不傷害眾生，盡力地幫助眾生，並發願能持守三昧耶。

第十章

供養曼達

經由修持「金剛薩埵」清淨自身後，現在我們要準備各種必要的工具，以「供養曼達」來積聚福德。

福德

什麼是「福德」?從某種角度來看，福德即是「能力」。事實上，它是讓我們得以聽聞、思惟、修持佛法，包括生起好奇心的能力。現今，我們的福德非常有限，以至於大多數的人都無法認知佛法有多麼珍貴。我們不僅由於缺少福德而無法修持佛法，甚至少到連享受輪迴的生活都不可得。

我們如何詮釋外在世界的訊息與經驗，完全取決於自己積聚福德的多寡。例如，「無常」一詞是什麼意思？從最粗顯的層面而言，擁有極少福德的人認為「無常」即是死亡、衰敗或四季的變遷。然而，一旦開始積聚福德，我們的理解就會變得較深入而細微。想像你正在體驗片刻的快樂時光，如果你擁有一些福德的話，就能在某種程度上詮釋並理解「無常」，還能觀察自己的情緒由不快樂轉為快樂，然後又回到不快樂；這樣的觀察，使你可能感受到的任何失望與期待都變得不再那麼強烈。

積聚福德的一種方式，是供養或布施食物、錢財、鮮花、音樂等。不過，多數的現代人為了避免浪費，更喜歡將錢花在「有用」的東西上。所以，我們很容易理解為何薈供時供養酥油燈與大量昂貴的飲食，會讓人們覺得浪費的原因。

紐舒．堪（Nyoshul Khen）仁波切曾告訴過我一個故事。有位法國女子向他請求大圓滿教法，並引導她認識心性。這個請求相當不正式，或許只是一時興起而已，但紐舒．堪仁波切認為，在此末法時期仍有人對甚深法教懷有興趣，因此使他感到啟發而同意了。大圓滿法是極為珍貴的教法，學生們需要積聚大量福德才能接受並正確地聽聞，紐舒．堪仁波切觀察到她需要積聚福德，於是就建議她先做個薈供。她非常高興地接受了建議，就隨同仁波切一起前去採買。

巴黎是個購物的好地方，這位女子很快就買了一些大約價值一歐元的巧克力。她請堪布看看這些巧克力是否足夠做為薈供的供養。這個問題很難回答，因為佛法——尤其是大圓滿法的教法——是無價的，即使供養三千大千世界的一切，也不足以求得大圓滿法的一個字。所以，對一條巧克力，堪布能說什麼呢？但考慮到也許她不是很富有，堪布什麼話也沒說，就繼續與她一起購物。不久他們來到巴黎一家時尚百貨公司的香水專櫃，讓堪布驚訝的是，這位女子毫不猶豫地花了相當於十歐元的價值，買下了一瓶她最喜歡的香水留給自己使用。

現代人缺乏福德去聆聽佛法，也欠缺福德去聽見其中真正所表達的內容；而且，經常在我們受過多次的佛法教導中，就會漏掉該次教導的重點。我們無法專注聆聽，有時根本就沒有聽到，因為心太容易散亂了。即使確實聽到了，也不會從其他角度去真正地聽聞、理解與思惟自己所學到的內容。結果是，對那些經由我們篩子般的心所意外掉落進來的一些訊息碎片，我們卻極為嚴肅地看待。

悲哀的是，我們不再具有足夠的福德能遇見偉大的上師，或從他們那裡領受法教。然而，即使我們現今的虔敬對象無法與往昔的偉大上師相提並論，若是我們能增加福德的儲備，也就沒有關係了。巴楚仁波切在他狗牙的故事中，說明了福德如何發生作用。一位西藏老婦人要求兒子為她帶回一顆佛陀的舍利，以做為修法時的虔敬對境。不巧的是，兒子忘了自己的承諾，為了不令老母親失望，他不得不拔下水溝中的死狗牙齒冒充為佛牙。然而，老婦人對這顆牙齒具有非常強大的虔敬心，不久後，狗牙居然變成了真的佛牙，並且神奇地生出許多舍利。

福德愈多愈好

你可以親自試驗並體會一下福德的力量有多大。先讀某一本法本一遍，然後以你最大的專注與決心，認真地供養曼達幾次。然後再去讀這本法本，你會發現自己的理解轉變了，比起以前只能瀏覽每章節的要點，你現在能更精確地理解每個字的含意。你也應該嘗試在供養過一些曼達後，回到先前讓你感到厭倦的老師那裡去領受教法，你的體驗將會完全不同。如果在供養曼達前，你定不下心來，而且到處遊蕩的心讓你感到沮喪的話，就先做「止」的修持。同樣的，你修持的體驗也將發生轉變。

具有福德因而能接受法教是一回事，但是具有充分的福德能聽聞法教，並且能正確地聽聞，又是另一回事，因此之故，在法教開始之前的「供養曼達」傳統，於焉建立。我們不僅在理解佛法的能力上需要福德，在法道上的其他每個步驟也都需要它，其中包括能真正地理解上師。具有足夠的福德，你就能在上師生病、打哈欠或表現出憤怒時，以有益的方式來理解他的示現。這不正是你想要的嗎？如果缺乏福德，即使上師像個天使，你也會找到批評他的理由，因而無法從此緣中受益。

福德如何產生？

在「皈依」部分曾提到，我們可以經由兩種不同的資糧田來積聚福德。而佛法的獨特處之一，就是這兩者都同等重要。

讓我們迅速地趨近實相的行為或條件，就能產生福德，而非只能藉由良善的行為，或針對短暫世俗成就（例如長壽或投生善道）的行為，才能積聚。當然，福德是有這種作用的，例如：如果慷慨施捨財物，我們就能獲得豐裕的財富；如果具足安忍，我們的外貌就會吸引他人等。但嚴格說來，如果你未將世俗善行的結果迴向一切有情眾生的究竟證悟，而且這些善行也未能讓你更趨近真諦的話，縱然它所造的善業可能讓你感覺良好，你也無法積聚追求證悟者所渴求的那種福德。然而，如果剎那間你做了更趨近真諦的善行，無論它如何令人不快或不流行，也遠比參與那些盛大、歡樂又誇張，卻只能帶來投生善道或其他世俗恩賜的善行活動，來得更有價值。

換句話說，你所積聚福德的「量」與「質」，並非取決於積聚的方法。依據菩薩乘的說法，某個行為所積聚的是福德或只是善業，取決於它是否基於二元分別的見地而行。例如，以二元分別的見地供養一公斤黃金，不必然就比供養一顆葡萄能積聚更多的福德。如月稱（Chandrakirti）❶所說，若無布施者、布施物與受施者的參考點，才能稱這種布施為「出世波羅密多」；若對布施、布施物與受施者仍有極微細的執著，這種布施則稱為「世間波羅密多」。❷

至於積聚福德能用的方法，其種類繁多，例如：慷慨布施、持戒、安忍、以實物或觀想做供養、懺悔、隨喜他人的好運，以及生起慈悲心與菩提心等都是。此外，皈依也是一個重要的方法。還有，祈請聖者轉動法輪、長久住世也能積聚福德，它能讓我們去除因過去世製造障礙而讓人無法接受法教所產生的業果。

❶月稱（Chandrakirti, 600-650）為中觀應成派論師，師承佛護的弟子蓮花覺，主張性空緣起，說世俗諦和勝義諦皆無自性，他發揚佛護的傳統，對論敵的觀點採用「應成論式」，嚴格地只破不立，以破顯宗，因此被稱為「隨應破派」或「應成派」。其著作

大乘佛法提供了結合智慧與方便的各種絕妙法門，既容易實踐，又能帶來不凡的結果。你也許會以為，想要積聚無量福德就得付出超過自己能力所及的巨大犧牲，例如供養自己的皮肉、骨頭或房子等。但物質的供養並非我們唯一能做的，如果是的話，它就不是一個實際可行的系統了，因為我們絕大多數的人對這種激烈的行動都力有未逮。所幸，大乘法道具有適合所有修行人的智慧與方便，而非只適合富裕者。它提供了觀想供養的方式，能積聚與物質供養完全等量的福德；換句話說，大乘之道簡單、愉悅、不麻煩，但它的方法卻能獲得和物質供養等量的福德與智慧。

七支供養

「七支供養」是這些殊勝的法門之一，它包含了七種不同積聚福德的方法，而且每個方法都有其特殊的目的。這些供養是：（一）禮拜；（二）供養；（三）懺悔；（四）隨喜；（五）請轉法輪；（六）請佛住世；（七）福德迴向。（你可以選擇任何一部佛經或法本裡的〈七支祈請文〉來念誦；同時，你應參照傳承儀軌本文與釋論，來瞭解它出現在你的前行的哪一部分。）

禮拜

我們以大禮拜來摧毀自己最頑強的外殼——憍慢。一個人若是充滿憍慢，證悟的功德就無從增長；而缺乏證悟的功德，菩薩的利生事業就會受到阻礙。

除此之外，憍慢的本質是缺乏安全感，更會造成許多層面的偽善。

有《入中論》、《明句論》、《七十空性論釋》等十餘部論著。其學說經由阿底峽完整地傳入西藏，經宗喀巴等人的提倡而廣傳於西藏。

❷《入中論》第一品〈菩提心歡喜地〉：「施者受者施物空，施名出世波羅密，由於三輪生執著，名世間波羅密多。」（《入中論講記》，月稱論師造論／法尊法師譯講，頁28，台北：佛陀教育基金會，二〇〇二年）

想像你將身體的數量倍增，因而有成億成兆的「你」在皈依對境面前做大禮拜。佛陀說，這個做法能讓你自己與你在想像中所做的每個大禮拜，都積聚完全等量的福德。

供養

對治慳吝的方法是做供養。慳吝根植於貧困的心態，它與物質匱乏無關；世界上有許多人身擁巨大財富，卻仍經常感到缺乏某些東西。慳吝的一個副作用是心胸狹窄，而一個心胸狹窄者與人相處，永遠都發展不出令人感到輕鬆愉快的品質。

你所供養的物品毫無數量上的限制，它可以如天空般無限！雖然，「無限」的供品從我們的耳中聽來，似乎就是堆積起如山的奢華物品。然而，即使只是幾粒穀子，供養也可以是「無限」的──如同小男孩「月官」（Chandragomi）所做的供養。

月官的家境清貧，為免餓死，他的父母、兄弟、姊妹都被迫去乞食。一天，當月官出去行乞時，他注意到路旁的寺廟裡供奉著一尊觀世音*（梵 Avalokiteshvara）菩薩像。他被這尊菩薩像的慈悲面容所吸引，於是把當日上午乞得的一些穀子灑向菩薩像的手上。令他詫異的是，無論他如何小心翼翼地供養，穀子總是從菩薩的手中滑落到地上，他再供養一些，穀子依然滑落到地上。於是，月官開始擔心，是否觀世音菩薩由於某個原因而不接受他的供養。他不斷地朝口袋深處再掏出一些穀子來供養，直到最後一粒不剩。至此，月官感到十分沮喪，他眼含淚水、滿懷歉意地向觀世音菩薩說：「我現在已經沒有東西可以供養你了！」就在那一刻，這孩子深信觀世音菩薩真的就在面前的那種專注力量，讓菩薩像活了起來，並且以緊緊的擁抱來安慰他。

顯然的，我們都應該去做物質的供養，但對初學者而言，也許做觀想供養的風險較少。當阿底峽吉祥燃燈尊者來到西藏時，他建議西藏人做水供（這就是西藏佛寺中供有許多碗水的原因），因為供養應該要徹底、全心全意地去做，不應有任何後悔之念，或擔心「供養會被誰拿走」、「供品會被拿去做什麼用」等這一類的想法。對初學者而言，供養水比較容易如此做到。

在你的心眼之中，觀想所有各種傳統供品堆積如山，再加上任何其他你所想要的美麗的、貴重的、令人喜愛的或非凡的物品，例如加拿大的尼加拉瓜大瀑布，或北京的紫禁城，或京都優雅誘人的藝妓舞孃，或美國加州魁梧而全副武裝的海軍陸戰隊。讓你的想像盡情飛揚，而且不要只把供品局限在自己文化所欣賞的範圍之內。

懺悔

接著，為了拆除我執的藏身之處，你要揭露、懺悔自己的惡行，這是反擊瞋恨最有效的方法之一。如果你把自己的墮罪深藏在幽深晦暗之處，那就好比你身患重病，卻不告訴醫生哪裡疼痛；隱瞞如此重要的訊息，最後只會讓醫生無法做出正確的診斷。如果你忘了曾經做過的一些事，或者不完全確定何者是屬於佛教觀點的惡行，你也不用擔心，盡己所能地懺悔即可。想像你在諸佛與菩薩面前，他們知道一切過去發生的事、未來將要發生的事以及現在正在發生的事，在他們的面前，你揭露、懺悔所有自己感到羞愧的事情與念頭，以及在未來可能會做的事或會想的念頭，任何一件都不要遺漏。

隨喜

隨喜他人的好運，是一個積聚福德非常輕易且有效的方法。然而，諷刺的是，我們大多數的人對這件事卻都感到痛苦難為。

隨喜有三種主要的原因：

（一）隨喜眾生的快樂與快樂之因。例如，當你看到有吸引力的人，隨喜他們的美貌而不嫉妒。

（二）當你看到行善的人，隨喜他們的善行，不要因怨恨或嫉妒而批評他們。

（三）最好的是，隨喜證悟與證悟之因，而不是沉溺於「證悟是否可能」或「佛果是否存在」的疑惑中。隨喜他人從事證悟之因的行持，例如聽聞與思惟教法，或修持禪定。

積聚福德的方式之中，隨喜他人的成功也許是最簡單的一種，這好似在你的四周有著大量的福德，就等著你去集結起來。看到別人做了有價值的事，你只要隨喜他們的善行，就能積聚海量的福德。嫉妒，是讓我們受苦的最荒謬、也是最可悲的情緒反應；要對治它，最強而有力的方法就是隨喜。當你看到他人的美貌或成功時，切勿沉溺於嫉妒中，反而要隨喜之；並且記住，這兩種功德是他們過去世修持安忍與布施的結果。想想你所認識的每個具有良善特質的人，隨喜他們所做的善事，不論是經營醫院或創造美妙的花藝；也隨喜他們所享有的結果，不論是名望或美貌；而隨喜諸佛與菩薩的佛行事業，更是特別有力。

請轉法輪

我們處於末法時期，對於五濁惡世以及自己所有問題的根源——無明，最有力的對治方法就是祈請諸佛與菩薩轉動法輪。

佛陀於二千五百多年前證入般涅槃*（梵 parinirvana），因此你可能會問：「為何還要繼續請佛教導我們呢？」在日常生活裡，每當我們遭遇困難時，大部分人最先想要做的，就是請求我們尊敬或信賴的人給予幫助。在目前的狀況，我們在輪迴裡普遍面對的問題就是根本無明，所以我們應該去請教確定能祛除無明的那個人。「但我們為何要請教佛陀？又該如何請教他呢？」這是大部分人立即的反應。「他現在並未活在這個世界上，難道我們要等到未來佛出世，才能得到答案嗎？」很遺憾的，這樣的問題完全錯失了重點。

「請轉法輪」並不只是以世俗的方式請求法教而已，轉動法輪可以有很多種形式。例如，法輪可能在你做某件平凡的事情時轉動，比如正在看一齣你最愛的連續劇，或見到一棵枯樹，或讀到一本書的某個章節時。因為不論任何情況，只要能觸動火花點燃你的悲心，以及對「此生徒勞」的了悟，都是「法輪轉動」。就如我們一再看到的，佛弟子常在初次翻閱神聖的法本時會有所障礙，因為他們根本就無法理解。然而，到後來積聚了多一點的福德之後，當他們再回去閱讀時，就會發現相當易於瞭解。這是諸佛與菩薩轉動法輪的方式之一。

佛陀說過，每當我們心懷虔敬，他就與我們同在。這就表示佛陀不曾間斷地一直在轉動法輪，而這種教法也永不會停止。

請佛住世

請求諸佛與菩薩住於輪迴而不要入涅槃，是我們反擊邪見與懷疑的方法。輪迴眾生的心是二元分別的，而二元分別的心其本質充滿懷疑，懷疑又反過來滋生邪見。心靈追求者也是如此，我們耗費許多時間，對自己的修行、法道與心靈生活的方式感到懷疑而掙扎，這可能是我們多數人都必須面對的艱鉅挑戰，也是會一直伴隨我們直到心靈旅程終點的唯一情緒（煩惱）。有人認為，我們的智能愈增長，懷疑也就更敏銳；這很有道理，因為我們愈聰明，懷疑也就會愈聰明。我們最大的障礙就是在一開始便有很多的懷疑；其他的不談，至少它會占去我們太多的時間。懷疑愈嚴重，我們就愈可能困在持續不斷的自我譴責狀態中，因而將注意力導離正見，造成我們對「因」、「緣」、「果」法則失去信心，並且腐蝕我們對緣起實相、空性、三寶等究竟真諦的信念。

「懷疑」以各種各樣的方式侵擾我們的心。你也許會有這些困惑：「為何完成了這麼多佛法修持之後，我的健康狀況仍然不佳？」或者，「如果佛是遍知的，為何他不能消滅愛滋病、貧窮或大規模毀滅性武器？他們究竟有沒有法力？」、「真的有來生嗎？」、「我們每個人真的都有佛性嗎？」……許多類似的懷疑，只要我們聽聞教法就很容易清除。不過，大部分的人也需要某種與邏輯或推理無關的啟發來增強信心，例如經歷了某種超凡的體驗，或遇見了一位具啟發性的人物。通常，遇見一位我能看得到、摸得著、聽得見，又代表佛之身、語、意化現的佛教大師，是最深刻的一種啟發，也就是所謂的「眼見為真」。

我們所請求的，不只是具足三十二相、八十隨形好❸的圓滿諸佛住於輪迴而已，我們也請求那些總持諸佛菩薩偉大功德與教法的人，以及啟發眾人、啟發所有那些雖然不合邏

❸「三十二相」是指佛的三十二大人相，係轉輪聖王與佛之應化身所具足之三十二種殊勝容貌與微妙形相。「八十隨形好」是指佛容貌隨三十二形相而有的八十種微細特徵。

輯、不切實際，卻能讓我們振奮鼓舞的節目與活動的人，其事業都能持續。

福德迴向

最後，我們必須隨時盡快地迴向自己的修持與善行，才不至於浪費所積聚的福德。藉由將福德迴向給一切眾生的究竟快樂與證悟，我們不僅保障了福德的安全，也保證它會如銀行存款的利息般持續累積。因此，我們的善行就會成為自己的成佛之道。假使我們不立即迴向，這些福德資糧可能就會被突發的瞋火，或任何其他折磨我們的極端惡行或惡念，燒毀殆盡。

福德——抵禦障礙的盔甲

大家都形容佛法是絕對無價的，又說它有如能切斷各種二元分別之網的金剛鑽。而另一方面，我們卻如窮極潦倒、愚昧無知的乞丐，毫無任何價值的概念。因此，當有一顆珍貴的鑽石突然落入手中時，我們卻不知道該拿它來做什麼才好。我們根本不知道它的真正價值，因此說不定會拿它去換一條熱狗，或不經意地把它弄丟。這種情形竟出人意料地常常發生，因為有珍貴的佛法之處，就總會引來障礙；而當修行者引來障礙，這表示他的修行正在見效。若非如此，何來障礙騷擾？它們沒必要去攻擊那些修行不太好的人，因為那些人可能已經為自己製造足夠多的麻煩了。

話雖如此，我們遇到的許多障礙都是強大而惱人的。因此，我們藉由修持佛法的許多法門，試圖發展出一種能力，來操控、欺騙、引誘、轉化、忽視所有引來的障礙，其中最「高明」的方法就是把障礙視為「加持」。但是，要能真正這麼做，需要很多福德。幸運的是，佛法提供了我們「供養曼達」的法門，這是所有積聚福德中最深奧的方法。

修持

噶瑪．恰美仁波切說，像我們這種初學者去建造一座寺院時，內心不可避免地會生起一些不純淨的念頭或行為。在整個過程中，也必定會面臨許多挑戰，因此一旦竣工之後，我們必然會對它產生執著，或者產生各式各樣的慳吝行為。然而，「供養曼達」的修持完全不會產生這種後果，也由於這個原因，它才如此重要。

我們供養什麼？

從受供者的觀點來看，任何種類的供品都是無關緊要的。因此，我們應該供養自己認為珍貴的物品。

例如，向過去諸佛與菩薩供養自己的身體，我們就與釋迦牟尼佛的身、語、意、功德、事業結了吉祥之緣。向現在佛——我們的上師——供養身體，我們的身、語、意就成為完美的智慧法器；向未來佛供養身體，就圓滿了能讓我們利益一切有情眾生的吉祥之緣。

在供養曼達過程中，主要是將聖眾做為我們的資糧田。至於到底應該供養什麼，隨你自由想像發揮。如果你覺得須彌山與其周圍的大小洲很難在心中呈現，那就以一座雄偉壯麗的山代替。或者想像亞洲、南美洲、北美洲與澳洲等，並且包含其中所有美麗的國家公園、宮殿、瀑布與財富等。

如果供養不屬於自己的物品會令你不安，請記住，你對世界的感知完完全全是以你自己的方式，而非別人的方式。因此，你可以在觀想中加入各種財富之源，例如：德意志銀行、森林、鐵礦、鋼鐵、人類喜歡攢積的各種物質財富、天人的財富（通常以飛毯與華蓋來代表）等。你還可以再加入龍族的財富（有時顯現為能啟動戰爭的海螺），或能轉化成王國與宮殿的小貝殼，或如意樹、滿願牛，甚或俊男美女。你可以盡量發揮，努力突破自己想像的界限。為了強化觀想，也可以利用你認為珍貴的各種物品，例如西藏人在供養時就使用大量的米、銅板與金、銀等貴金屬。

如果你打算將這個修持當作前行積聚的一部分，你就需要一個曼達盤，以及你所能集聚的、盡量多的供品。根據德松（Deshung）仁波切的說法，曼達盤可以是滿大的，不過如果你喜歡小的也無妨；至於其材質，則取決於你的經濟能力，例如石盤、檀香木盤、銅盤、鐵盤、鋼盤，甚至你願意的話，金盤都可以。主要的修法供品則是各種穀物，不一定只是米，而你所加入的其他任何東西，都可以成為你專注的對象來加強修持。將每一粒穀物觀想成上述的各種物品，如果你像我一樣，很受印度風格代表財富的東西所啟發的話，你也可以加上華麗的澡堂，其中有成群美麗的舞孃，還有——為了政治正確之故——眾多英俊的舞郎。

雖然修持的法本上所寫的，常常讓人覺得好像我們是為了取悅諸佛與菩薩而做供養；但請諸位牢記於心，事實絕非如此。佛、法、僧三寶不可能被我們微薄的供養所賄賂、收買或影響，甚至連取悅都不可能。多想一想你就知道，傳統上的供品，並非為了讓諸佛與菩薩在世俗上「有用」而設計的。事實上，「有用」並非目的。就以「牛寶」為例，一頭牛對於某個住在紐約市中心的人而言，會多有用處呢？

有關供品的實用建議

如果有幾週的空閒，你可以考慮進行密集閉關，專修「供養曼達」，一口氣完成十萬遍。若是如此，你會需要兩個曼達盤，一個放在佛龕上，以五堆供品代表五方佛部，另一個做為修持供養之用。由於供在佛龕上的曼達會放得比較久，如果你以傳統方式將米與酥油合拌而使它能黏在一起的話，就會易於腐壞。因此，你要使用不會腐壞的物品來替代，例如各種半寶石等。

至於你日修所用的曼達，最好每過一段時間就以新米替換舊米。供品的數量與更新的頻率，都取決於你的預算，如果你是閉長關，例如為期一整年的話，那麼當然應當定期更換供品。一旦圓滿積聚的數量後，不成文的傳統是將修法用的貴重物品供養給上師或寺院，或選擇悄悄地灑在無人會感謝你的森林中。

每天在你開始修持之前，先用藏紅花水、玫瑰水或任何香水清潔曼達盤。然後，在每一座修開始時，用手腕內側將曼達盤表面擦拭乾淨。如果要更細化你的修持，那就觀想你此時正在清淨所有將要獻上的供品，當然也包括你的身、語、意。你可能會聽到許多類似的這種微小細節，幾乎你遇到的每個西藏人或老修行者，都會提到些微不同的版本，而且從其各自的觀點而言，他們可能都是正確的。畢竟，藏傳佛教有四大傳承，成千的修行者依循成百的上師教導而修行，但許多上師都修改了傳統的教法。不過，究竟而言，擦拭曼達盤並無唯一的正確方法，因此無須在此浪費過多的時間。

觀想

在此修法中，觀想你做供養的對境是蓮師或金剛總持，由眾多眷屬所圍繞。（關於此觀想的細節，可參照前行長軌〈皈依〉章節中有關「資糧田」的描述。）壇城主尊安坐於滿願樹的中央枝幹上；主尊前方的枝幹上，端坐著釋迦牟尼佛與一切諸佛；右方枝幹上，站立著所有的菩薩；左方枝幹上，是聲聞與緣覺等聖眾；後方的枝幹上，則是無量的法本與經卷。

在修持「皈依」時，我們將此觀想中的聖眾稱為「皈依境」；在修持「生起菩提心」時，他們成為我們受菩薩戒的見證人；現在，當我們供養曼達時，他們成為受供者。

在此修持中，擦拭曼達盤的玫瑰水或香水代表了「菩提心」的行持，意即你修持此法的目的是為了令一切有情證悟。藉由潑灑些微的水在曼達盤上，你以「菩提心之潤濕」來象徵此一金剛乘修持的深奧，也讓這個修持超越了只是盤中撒米的世俗行為。水也有助於讓米粒黏著於盤上，雖然你可能不想每次都用水來清淨曼達盤，但在修法開始時先灑水會比較好。

現在，你可以開始供養曼達了。

七供曼達

在傳統上，曼達盤上的供品是以順時針的方向擺置，但你可以選擇從曼達盤的前面（十二點鐘方向）或後面（六點鐘方向）開始。（東方是在你面前或最靠近佛龕處，需根據你依循的傳統而有所不同。）我喜歡從後面開始，因此下面的說明依此敘述，而括號中的位置則是從前面開始的做法（見【圖一】）。

（一）用右手放一堆米到曼達盤的中央當作第一堆供品。

（二）第二堆放在你面前六點鐘（十二點鐘）處，即曼達盤最靠近你的位置上。

（三）第三堆放在從第二堆順時針轉九十度處，即九點鐘（三點鐘）位置上。

（四）第四堆，順時針再轉九十度，在十二點鐘（六點鐘）位置上。

（五）第五堆，從第四堆順時針轉九十度，在三點鐘（九點鐘）位置上。

（六）第六堆，放置在中央那堆與九點鐘（三點鐘）那堆之間。

（七）第七堆，放置在中央那堆與三點鐘（九點鐘）那堆之間。

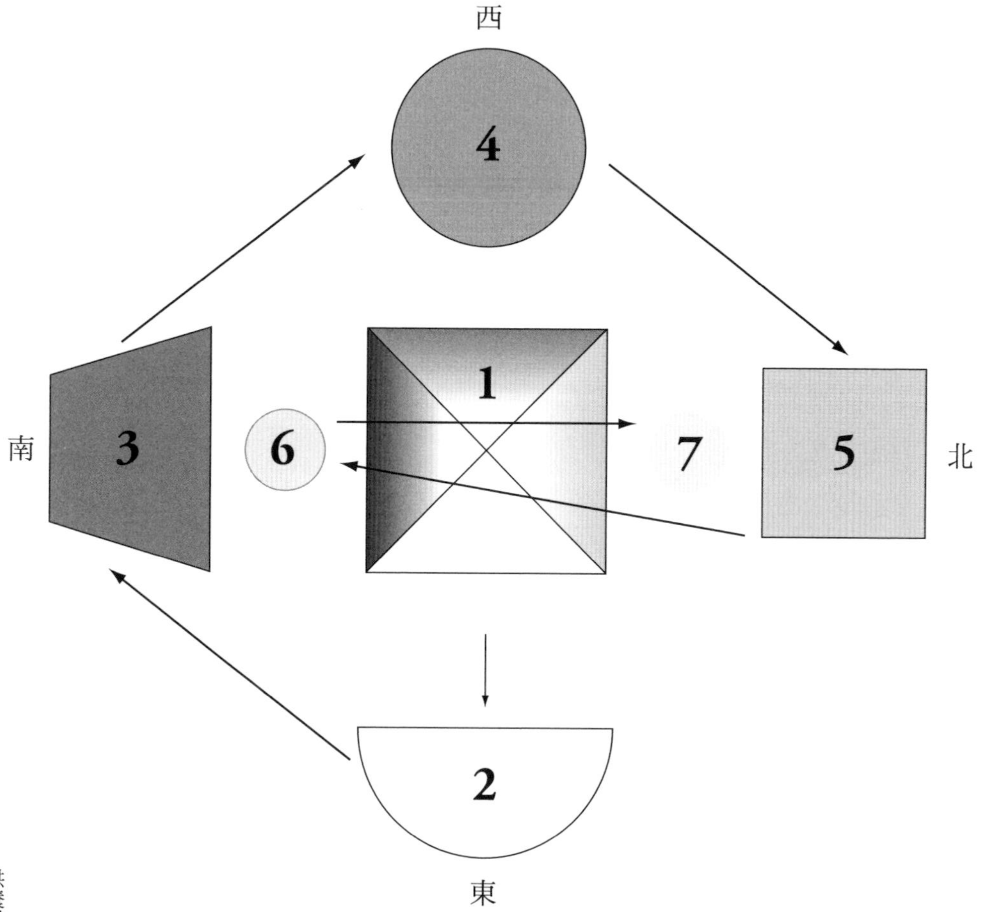

【圖一】七供曼達

①須彌山（Mount Meru）
②東勝神洲（Purvavideha）
③南瞻部洲（Jambudvipa）
④西牛賀洲（Aparagodāniya）
⑤北俱盧洲（Uttarakuru）
⑥日
⑦月

第三堆即所謂的「南瞻部洲堆」，「南瞻部洲」（Jambudvīpa）是我們所居住的星球——地球——之名。如果你的第二堆放在六點鐘位置，南瞻部洲就應該在九點鐘位置（如果第二堆放在十二點鐘位置，南瞻部洲就在三點鐘位置）。日、月分別是第六堆與第七堆，由於太陽必須從地球上升起，因此第六堆就應該靠近南瞻部洲。

如果你願意的話，也可以加入第八堆，代表天道與人道之所有財富的具體呈現。

通常我們以左手拿著曼達盤與念珠，以右手來放置米堆；但如果你是左撇子想要反過來做，那也無妨。

在曼達盤上放置了七堆或八堆米與珍寶之後，用右手將它們抹去，這就算供養曼達一遍。要圓滿此修持，你所需要做的就只是完成剩下的九萬九千九百九十九遍，外加百分之十的數量來彌補錯誤或不專心而已。就這麼簡單！

每供養一遍曼達，就依你所修的前行，念誦一遍或三遍「曼達供養」祈請文。

三十七堆曼達供養

你可以在每一百次或每二十五次的短軌曼達供養之後，修一次「三十七堆曼達供養」。（見【圖二】）。

你所看過的傳統曼達盤，是由幾個盤子疊成的塔狀結構。這是西藏的發明，你喜歡的話可以使用，但它並非修法的關鍵所在，因為它所根據的只是西藏人要讓供品好看的審美觀而已。

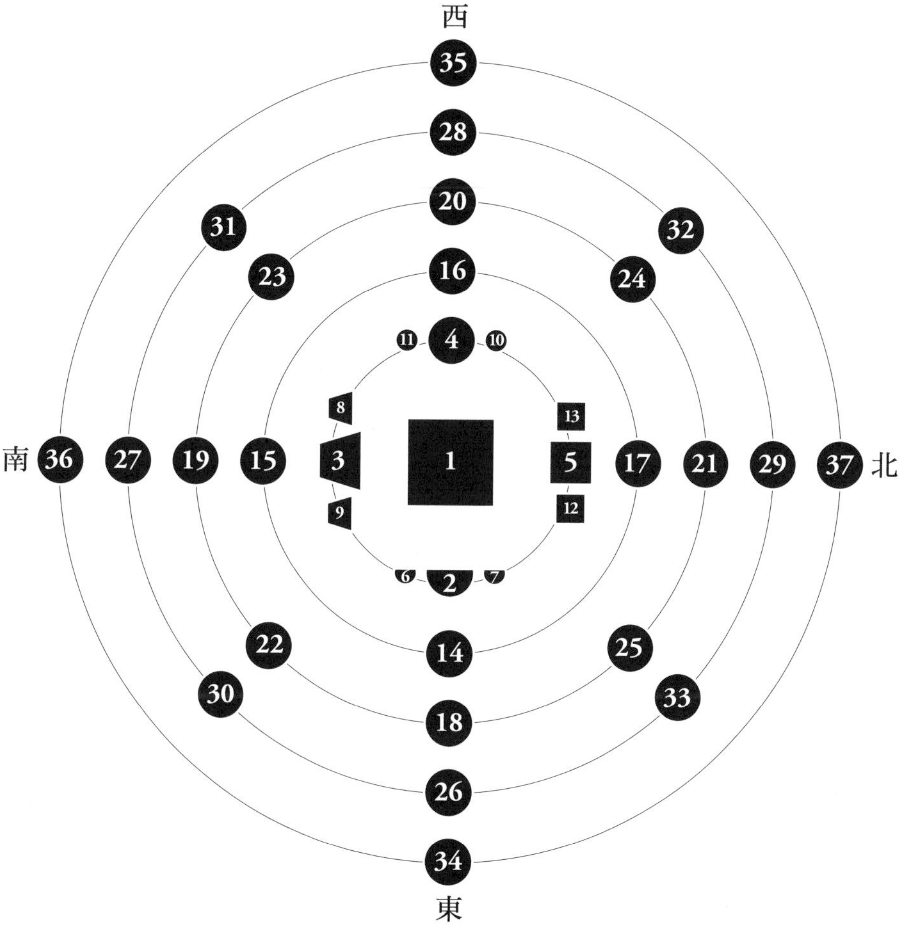

【圖二】三十七堆曼達供養

①須彌山
②-⑤四大洲
⑥-⑬八小洲
⑭珍寶山
⑮如意樹
⑯滿願牛
⑰自然稻
⑱-㉔輪王七寶
㉕寶藏瓶
㉖-㉝八神女
㉞日
㉟月
㊱眾寶傘
㊲十方尊勝幢

【圖二】清楚地顯示了如何放置三十七堆供品，但我不會花太多的修法時間去查核，或擔心是否放錯了位置。你就直接念誦祈請文，並將三十七堆供品一個個疊上去即可。

在一座修法的結尾，將資糧田融入自己，然後盡可能地安住於這種「無分別」的境界之中，愈久愈好。

事實上，供養一堆堆的米與珍寶，同樣是你自己顯相的產物，因此相當有限。所以，你應當供養任何一切東西，包括你認為不好的，例如自己混亂的情緒，它的本質其實就是智慧。

以意念供養各種珍貴的供品是很好的方法，因為，當你想到花時，那是「你的」心創造出「你的」那朵花。事實上，沒有什麼不是你自心顯相的產物。這個宇宙——大氣層、星辰、月亮、行星與其中的一切，都是心創造出來的，而只要心存在，實際創造出宇宙的各種無量分別也就存在。

根據佛法的觀點，供養的概念根基於「緣起」的見地。事實上，所有佛教的修持與理論都根基於此同一見地，因此，無論是發願修持有關心性的法道者，或是想要完成任一種積聚福德的修法者，供燈都是個好主意。由於這項「供養」的行為與創造吉祥之緣緊密相關，因此，供燈能增進你對心性的理解——一如油燈散發光芒，能照亮自身與周圍的一切；同樣的，心能覺知自身，也能覺知它所遭遇（encounter）的一切。由於油燈的作用與心相似，因此油燈可被視為吉祥之物，藉由它，便能創造出與心性的吉祥之緣。

萬法唯心所造，心性即為法身、報身與化身，而證得心性就是所謂的「證悟」。但是，要獲得證悟並非易事，因為我們會不斷地被無數的習性所欺騙。因此，我們需要各種方法與技巧來對抗這些舊習，而一次次地堆起像米這種微不足道的東西，正是眾多善巧方便中的一種。

第十一章

「古薩里」修法

在許多前行的修持中，都無「古薩里」（kusali）修法，但《龍欽心髓前行》的長軌中包含了此法。修持《龍欽心髓前行》短軌的人，如果還能加上這項修法的話會更好，因為這是積聚福德的殊勝之法。無法擁有曼達盤、供品與其他必要的特殊供品之窮困修行者，最適合做「古薩里」修法，就如同巴楚仁波切所說，「古薩里」意指「乞丐」。然而，從佛法的角度來看，「古薩里」修法被認為是最上乘的教法之一。

觀想——戰勝四魔

「古薩里」修法的特別是針對摧毀四魔*（four Maras）——天人魔、死魔、煩惱魔與蘊魔。

堪布噶瓊（Khenpo Ngakchung）❶說，不了知一切顯現只是自心的投射，即是天人魔；此身只是和合現象，本質上遷變無常，而且是一個蔽障，即是蘊魔；貪愛、欲求與執著，即是煩惱魔；諸蘊之生死，即是死魔。

開始修法時，口念「呸！」（PHAT！），並觀想心識從身體向上直射而出，心與身完全分離，身體像個舊麻袋般驟然倒地。身體落成一堆的瞬間，觀想自己以純粹意識之無形身盤旋於身體的上方，看見你所珍愛的身體現在只是一具屍體而已。

一般而言，憍慢是由於心與身兩者的反應而生起，因此，如果你有身體，就會感覺到憍慢。是故，藉由摧毀色身，就能摧毀你的憍慢，也就是戰勝了煩惱魔。而在你對身體無有執著的當下，就摧毀了天人魔。然而，不同於熄滅的燭焰，雖然身體已經被丟棄、摧毀，但心依舊能夠有所覺知，這就是戰勝了死魔。我們稱這第三個勝利為「黑忿怒母」（Krodhikali），也就是你摧毀自己的色身之後所現的形相。她身呈黑色、貌美，佩戴空行母*（梵dakini）衣飾與莊嚴，包括寶冠、骨鐲、虎皮裙，右手揮舞著彎刀，象徵摧毀了煩惱（情緒）魔。

黑忿怒母從你的屍體上慢慢切下頭骨，以摧毀蘊魔。我們把這個帶髮的頭骨稱為「嘎巴拉」（Kapala）或「顱器」，當你觀想嘎巴拉在面前出現的瞬間，想像它不斷增大，直到大如三界為止。

旋即出現一個由三個人頭骨（代表法、報、化三身）所構成的三腳架，你把嘎巴拉置於其上。然後回到你的屍體旁，切下雙手與所有的指頭，剝下皮膚，挖出肺、肝等所有內

❶堪布噶瓊是堪布噶旺．帕桑（Khenpo Ngawang Palzang, 1879-1941）的別名。他是噶陀（Katok）佛學院的學者兼教師，也是闡釋大圓滿經典之學術傳承非常重要的振興者，被認為是無垢友和龍欽巴的轉世。他是近代最偉大的大圓滿堪布之一，著有《普賢上師言教之指引》（*A Guide to the Words of My Perfect Teacher,* Shambhala Publications）。

臟，放盡血液。你繼續肢解自己的屍體，別忘了切下嘴唇與鼻子，用彎刀剔出雙眼與每顆牙齒。然後，把屍體的每個部分一一地放入嘎巴拉之中。

現在，自人頭骨三腳架處，冒出極為猛烈的智慧火焰。然後你一邊念誦「嗡．啊．吽」（OM AH HUM），一邊想像你身體的各部分在鍋裡融化煮沸，如同燉煮一鍋湯一般。這鍋人肉燉湯逐漸地轉變為大力如意甘露，滴滴甘露都包含了一切令你悅意之物，例如湖泊、花園、飲食等。做為施供者，你願得何物，甘露就變成何物，你就以此獻上供養。

客人與供品

如果你想要觀想得更詳盡，就把這想像成一場筵席。首先，你以燦爛的虹光射向銅色山、阿彌陀佛、阿閦佛與一切諸佛淨土，邀請已滅盡我執者，包括自阿羅漢起，直至佛陀的每位聖者以及所有的菩薩。其次，你向六道眾生發出邀請。你的客人都迅速抵達，各自安坐其處。

筵席的第一部分供養給聖者。因此，做為回贈，你獲得一切「共同」的成就，包括長壽，以及免於障礙與疾病；那些由於前世的業債而飽受疾病折磨與財務困難的人，「古薩里」修法特別適合他們。同時，你也會獲得「不共」的成就，也就是對他人慈悲、得以精進、具足虔敬心，以及認識心性等令這些功德足以生根的能力。

其次，你布施給來自六道的客人。觀想他們藉由每一口啜飲的美酒、品嘗的蘆筍、舔食的冰淇淋、咀嚼的牛排、吞食的法式布丁、吸吮的龍蝦，一切的痛苦都煙消雲散。而慈悲心、菩提心與虔敬心滋養著他們的生命，他們因而反過來去幫助其他的有情眾生。

在此，有兩類很特別的客人。其中一類包括了煩擾你或你視為敵人的眾生，當他們接受到供養之後，所有的宿怨就視同一筆勾銷。另一類為數最多，他們是你曾欠下業債的眾生。業債有很多種，例如自己對父母欠下的業債，對朋友、對提供我們食宿保護的眾生所欠下的業債，以及對那些被自己侵占了空間或為自己服務的眾生所欠下的業債。我們每個人都對無量眾生欠下了諸如此類的各種業債。

融入

當筵席臨近尾聲時，所有的客人都融入於你，因而施供者、受供者與供物都成為一體無二。了知整個筵席都是你心的造作，以此安住於這種「無別一體」的境界中，愈久愈好。

第十二章

上師瑜伽

金剛乘修法的目的是為了轉化我們的顯相，在前行的修持裡，尤其是在「上師瑜伽」中，我們開始這種轉化。為此，幾乎所有的前行傳承都會建議我們把修行之處轉化為淨土，把自己由凡夫、不淨之身轉化為清淨之身。

如果你修持的是《龍欽心髓前行》的「上師瑜伽」，你就觀想自身為金剛瑜伽母（Vajrayogini）。為何是金剛瑜伽母呢？因為在初次踏上修行之道以及登達顛峰這兩者之間，我們將會在某一時刻證得心的本性，在此之後，我們成為集聚上師加持的法器。做為更有效引請這些加持的方法，同時也是為了召喚吉祥之緣起，你自觀為女性本尊（金剛瑜伽母）的莊嚴身形。

（以下觀想的細節是依據《龍欽心髓前行》，與你所遵循的不同前行傳承可能有所差異。）

觀想

觀想自身為金剛瑜伽母，你周身呈紅色，右手揮舞著一柄彎刀，左手持著嘎巴拉。你面呈半忿怒相，美麗且苗條，身體以精美珠寶做嚴飾，穿著虎皮裙，佩戴骨飾。你的三隻眼睛凝視虛空中一朵十萬瓣蓮花，蓮花中央有橫置的日輪，其上有月輪。

端坐於月輪之上的是你的根本上師，他是所有皈依之源與諸佛本質的體現，以蓮花生（Padmakara）之相示現。他看起來不像凡人，毫無衰老或缺憾之相。相反的，他年輕、莊嚴又生氣勃勃，身上穿著王袍。

蓮花生大士——你的上師——坐在一輪巨大球形的彩虹內，周圍環繞著以赤松．德贊王（King Trison Deutsen）為首的二十五位弟子，其外又環繞著百萬彩虹光球。上師頭頂上的虛空中，端坐著所有大圓滿（或大手印）傳承的大成就者，包括無垢友（梵Vimalamitra）❶、智經（梵Jnanasutra）❷、師利．興哈（梵Shri Singha）❸、極喜金剛（梵Prahevajra，即格拉．多傑〔藏Garab Dorje〕）❹等；其間的虛空中，更充滿了各個傳承的本尊、空行母與護法。所以，在整個廣大的虛空中，尤其是你面前的空中，滿布如雲般眾多的皈依對象。

當你凝視著皈依對象時，盡量觀想他們栩栩如生地就在眼前，但一定要記住，就如同清澈而寧靜的水面所呈現的滿月倒影，他們並非真實存在，不論呈現在水面上的月影是多麼清晰、明亮，它仍然只是一個倒影。在「上師瑜伽」中，結集端坐於你面前的皈依對象，

❶無垢友是最飽學的印度佛教大師之一。他在九世紀時與蓮花生大士和毘盧遮那（梵Vairocana）譯師一同將大圓滿教法傳入西藏，並編纂、翻譯了許多梵文經典。他的精要教法是《毘瑪心髓》（藏*Vima Nyingtik*），是大圓滿「心髓」教法之一。

❷智經是大圓滿持明者表示傳承中的一位大學者，是師利．興哈的弟子，他接受了師利．興哈賜予的整套口耳傳承，以及所有屬於《內深精要之祕密心要》（*Secret Heart Essence of the Innermost Quintessence*）的教導。

❸師利．興哈，或稱吉祥獅子，是大圓滿教法傳

都應該以這種方式呈現。

如果你修持大手印、薩迦派或格魯派的前行，你很可能是觀想上師為金剛總持，環繞著與所修之法相關的眾多傳承上師。其中的本尊可能會有所不同，例如在大手印前行中，勝樂金剛（梵Chakrasamvara）就非常重要；而在薩迦派或格魯派的前行中，主要的本尊是勝樂金剛、密集金剛（梵Guhyasamaja）與時輪金剛（梵Kalachakra）。

咒語觀想

心中帶著滿溢的虔敬，念誦〈蓮師七句祈請文〉（Seven-Line Prayer to Guru Rinpoche）來引請上師，然後念誦「蓮師心咒」。

當你念誦祈請文時，要專注於所觀想的壇城，尤其是觀想自己的上師，你要盡己所能長時間地凝視著他的面孔。往昔的大師們曾告誡過我們，在咒語觀想的過程中很容易感到厭倦，因此他們建議，當你注視上師面孔而感到疲倦時，就應當把注意力轉移到他的整個身相，或他的動作，或他所放出的光芒，或你對他的虔敬心，或咒語的聲音，或環繞的隨從本尊等。然後，一再地轉換你專注的焦點。

學生們常常會提問：「是否只應該在正式的日修時才引請上師，還是在其他任何場合都可以？」答案是：「這取決於學生的情況。」對那些抽著大麻、遊蕩於加德滿都街頭，半杯卡布奇諾咖啡就能在咖啡館耗上大半天的佛法浪人而言，他們或許應當正式禪坐，並且念誦一千萬遍或一億遍的心咒。而那些在倫敦、紐約或巴黎從事繁重工作的人們，在上班

承的文殊友（梵Manjushrimitra）的主要弟子和繼承人。其弟子當中，有智經、無垢友、蓮花生和西藏譯師毘盧遮那等四位出眾的大師。

❹極喜金剛即格拉·多傑（藏Garab Dorje），他從金剛薩埵與金剛手菩薩處親受了所有大圓滿的密續、經典與口傳，而成為人間第一位大圓滿傳承的上師。他的主要弟子是文殊友，蓮花生大士也直接從其智慧身領受了大圓滿密續的傳授。

途中或等候公車時念誦心咒，他們或許可以得益更多。給予每個學生的方法，完全要看他們的個人情況，以及他們的自律程度而定。

「上師瑜伽」之心要

概略言之，「上師瑜伽」幫助我們培養並增長虔敬心，但此修法最核心的要點，是將你的心與上師的心相融。這個「相融」（mix）的過程其實不僅限於心，它包含了我們的整體——身、語、意的全部。因此，我們應當嘗試將自己的每一部分都與上師相融，從你的身分、身相、音聲直到嗅覺與味覺，都應如此。

在此，我要再度強調的是，名詞與語言有時會誤導。「相融」一詞自動地意味著在此有兩個分離的個體存在，而將它們融為一體是可能的。但是，誠如普賢王如來告訴我們的，心的本性本空，所有現象的本性也是如此。雖然從廣袤的現象界角度而言，似乎有兩個分離的個體要被融合，然而由於外在的上師即是你虔敬心的反映，因此這個「相融」的過程，比起只是把兩種元素混為一體要深奧得多。事實上，你是在確立一種理解：從未有一個所謂「上師」的分離個體，可以與你的心相融。換句話說，你的心與上師的心從未曾分離。

外在的上師

正如我們說過的，外在、內在、祕密的上師即是我們的心性。雖然如此，我們初學者仍會尋找一個榜樣來啟發並引導自己，於是我們向他皈依；而為了表達對佛法的感恩，我們對他獻上供養。很多人都嚮往能找到某個對象或任何對象，使用我們唯一會用的溝通方式，諸如哀號、抱怨、哭求、祈請等，來向他們描述我們所有情緒的高低起伏。而為了滿足這種需要，修行之道──從金剛乘的角度而言，「道」即是「迷惑」──為我們提供了外在的上師。

當然，所有的修行之道最終都會被拋棄，但此刻，你應當繼續將自己的虔敬心，連同崇慕之心與不動搖的清淨顯相，都獻給外在的上師。然後慢慢地、一步步地盡量將自己跟內在、祕密的上師相融合，過了一段時間後，你會了悟外在、內在、祕密的上師其實從未曾與自己分離。

渴望與上師相連繫

很多學生喜歡談論自己想到上師時的心情，有些人心裡感到很充實，胸臆充滿各種感受；也有人感到自己受到關愛，因而完滿。我想，這些學生想要表達的是，他們渴望與自己的上師相連繫。確實，當我們想到他就會生起強烈的感受與觸動；但重要的是，我們同時也要謹記，感受與情緒是非常易於變化的。感受屬於暫時性的世界，因此它只是另一層外皮，最終仍需要剝除。

我們與上師情感上的連繫，並非我們在心靈之道上要努力的唯一成果。就目前而言，上師與我們似乎是分離的，然而隨著我們在法道上進步，修持的善巧方法之一就是不斷自我提醒：事實絕非如此。任何我們所接受過的教法，絲毫都未曾說過上師是分離的個體，這種有個「上師」與「弟子」的想法，完全是我們自己所犯的錯誤，而且它又被習性所強化。如果我們已經完全信服上師與自己一直都未曾分離的話，「上師瑜伽」就完全是多餘的。雖然，感覺「連繫」就意味著他是個分離的個體，但我們仍然執著於自己與他「連繫」的概念，正是這個概念把我們束縛在二元分別上。

「上師與自己不可分離」的認知，是我們所會擁有的唯一永遠無法被剝離的了悟。

修行指南

將你的心與上師的心相融

我強烈鼓勵你一再地將自己的心與上師的心相融。當你觀想蓮師並持誦「蓮師心咒」時，每念誦一百遍時，就將蓮師融入於你的心中。這種過程你做得愈多愈好，所以每持誦十遍或二十遍心咒就融入一次，然後觀照那種「無別一體」。不用說，這種經歷一定會對你的生命有所改變。

觀照心念的要點是讓自己的心與上師的心相融，這個修持可以在各種日常情況下進行。例如，當你在電扶梯上，或在趕火車，或在百貨店裡，或在電影院中，盡量將你們的心相融在一起，直到你離開為止。這一點都不占用時間，結束後也很容易回到你正在做的事情上，不論你是在購物、看電影或看足球賽。

所以，每天花幾分鐘將自己的心與上師的心相融，然後花點時間觀照那種「無別一體」。如果你如此修持，它會帶來一種加持，那就是在不久之後，生命中沒有任何事情你會覺得有什麼天大的了不起了。但別指望馬上見效，你要有耐心，安心地修法。你有諸多需要被調伏的習氣、執著與散亂，可能需要一段時間才能見到成效。若是如此，請勿抱怨！抱怨就有如你才把生雞蛋放在桌上，就埋怨它尚未被煮熟；你得把雞蛋放在鍋裡、於爐上加熱，它才會煮熟。如果你連雞蛋都還未放進鍋裡，就毫無理由來抱怨它是生的；如果你會抱怨，就表示你還不理解「因」、「緣」、「果」的關係。大多數的現代人都落入這種陷阱，縱然在科技探索上有非凡的成就，例如將人類送上月球，或者發現地球是圓的（直到今天，還有些西藏人認為地球是平的），他們卻仍然缺乏這個基本的理解。

如果你需要花十年的時間修行才能有所改變，那怎麼辦？比起你無數億萬個過去世（那些時候你甚至連雞蛋都還未從盒子裡拿出來），十年又何足掛齒！你已經進步了，因為你終於知道哪裡有雞蛋，也知道要先把它從盒子裡拿出來放進鍋子裡，才能煮熟。這一點本身已是個巨大的進步。即使只知道這麼多，你一定也得積聚了相當多的福德才有可能。

修行者必須拔除的三毒

修行者需要拔除三毒。第一種毒是「邪見」，你必須藉由聽聞、思惟教法，才能解除此毒。在此過程中，即使你似乎建立了「正見」，你仍無可避免地會受到其他各種需要被遣除之毒害、概念與懷疑所污染。為此，你需要以禪修做為對治法，例如應用「止」的修持，因為它能讓所有的「心理染污」*（namtok）致命，這是去除第二種毒。第三種需要被拔除的毒是二元分別的、主體/客體的「經驗」，當你持續有此經驗時，你的修行之道就一直是有毒的。要淨除這種毒害，你必須運用「觀」的禪修。

我們掙扎努力所獲得的每一層理解，最終都必須被拋棄，因為正如往昔上師多次告誡的：「理解」猶如補丁，遲早都會掉落；覺受猶如薄霧，遲早必會消散。但是，對於我們這種從小就被教導去珍視一步步進展的人而言，一想到終有一天必須拋棄所有在心靈修持過程裡的成就，著實令人難以掌握。

三種覺受

既然「上師瑜伽」能引發如此強力的加持，因此你所未曾預期的心情與心的變化，可能會大幅攪動你的生活，所以請做好準備。最重要的是，「上師瑜伽」通常會引起各種「覺受」（藏 nyam）。

就「上師瑜伽」而言，有三種覺受。一種是感受到「大樂」（bliss），以至於你確信自己能處理生活中遭遇的任何事情。如同茶杯與茶盤完全貼合一般，生活中的一切都如此契合圓滿，你覺得自己什麼都能做到，甚至能讓一頭大象站在指尖上。沒有什麼是不能接受或無法忍受的，就算有人告訴你，法蘭克福剛剛翻了個底朝天，你也能毫不遲疑地接受。你不僅能相信難以置信的東西，你還會體驗到驚人的、身體上的樂受。雖然我們大多數的人都未曾體驗過這種特別的覺受，但可悲的是，它卻是我們共同嚮往的一種。

另一種覺受是「無念」（non-conceptualisation）。你沒有念頭，感覺不到瞋恨或貪愛，不做任何判斷或比較，沒有不安全感，你所感知的每個事物都現前而栩栩如生，這種體驗可以持續幾分鐘、幾小時或甚至好幾天。但是我們不要談太多這種覺受的細節，由你自己來發現會更好。

第三種覺受是種不尋常的「清明」（clarity）。你所感知的一切都是如此清晰，例如，你可以看到每棵樹上的每一片葉子，而且你的直覺犀利到似乎能看到他人心裡的念頭。

這三種覺受最終會如薄霧般散去，因此它們並非你的終極目標。你也不太可能在短期內有這種體驗，我們大多數的人連第一個好夢都還未體驗過，所以需要處理覺受的可能性為時尚早。

當你感到厭倦時

不論修持何種法，我們都會感到厭倦。如今，我們容易厭倦的程度比以往任何時候都高。有多少人能滿足於單一的電視頻道？所以，當你發現自己的心渙散而在找尋新目標時，就應轉換焦點。

例如，你可以想像處處都是蓮師，遍滿每一寸的虛空。當你持誦「蓮師心咒」時，六道光球瞬間轉化為六尊蓮師。再一眨眼，出現一個藍色幡旗，然後又一尊蓮師，隨後，突然你周遭的每個人都轉化為蓮師，然後你的保溫瓶、鋼筆、鉛筆、手錶、書本、手帕、桌布、紙巾也都成為蓮師。外面的樹木、山巒、湖泊、鐵路、車輛，也全在一瞬間都轉化為蓮師的身相，甚至怡人的微風，也成為他的化現。

你也可以試著觀想蓮師位於你的頭頂，或坐在你的面前或心中。（如同前述，在每種狀況下，都能有不同的觀想。）

- 當你持咒時，觀想一股不間斷的甘露之流從蓮師流下，融入於你。
- 在夜晚，觀想上師坐在你心中的一朵蓮花上。
- 當你進食時，觀想上師於你喉間。
- 當你面臨障礙，例如與家人爭執或感到失落沮喪時，觀想上師在你肩上，忿怒地露出獠牙。
- 《龍欽心髓前行》修行者可以觀想火花或蠍子從蓮師的金剛杵中射出，蠍子奪取並吞食每個障礙，直到徹底清除為止。
- 瀕臨死亡時，觀想你的上師以紅色阿彌陀佛身相顯現，一遍遍地把自己遷入阿彌陀佛的心中。

• 想像你一天之中所遇到的每個人、每件事都與蓮師無二無別。

這是非常深奧的修行，初學者一開始或許會感到有些困難，所以不妨先從祈願的層面去做。基本上而言，所有的一切（佛、法、僧、本尊、空行母、護法）都是你上師的化現。所以，舉例而言，假設你在修某尊護法，你就獻上供養，並視其為蓮師以護法的身相化現。如此一來，你對護法的供養也成為對上師的供養。

而且，你不必將自己的供養局限在一般人所謂的「好的」或「吸引人的」東西上，你可以供養一切，包括疾病、壞消息與損失等，並記得一切都應視為上師與其加持的化現。

不要承諾過多的修行

就如前述，在此末法時期，聽聞佛法是極為稀有而珍貴，我當然會鼓勵你盡可能地多去接受各種教法。但是，如果你渴望接受灌頂，我會強烈建議在你去之前，先瞭解自己將會做什麼承諾，然後自問是否真的有時間每天完成連篇的儀軌修行？如果生活已經夠忙碌了，你最好想清楚是否真的要收集灌頂？不論儀軌看上去是多麼簡短，但這些修持都會累積起來的。當然，如果你的時間充裕，而且接受灌頂以及集結承諾讓你感覺良好，尤其是對自己無法適切地兌現承諾心無愧疚的話，那麼，悉聽尊便。

修行者在初入心靈之道時，通常都會顯得異常熱誠，竭盡全力去修持每個所能接觸到的教法。然而同樣的，厭倦感注定會悄然而至，而且常在你進入最後階段的時刻出現。如果此時你改修另一個法，雖然，或許在幾天或幾週內新的修法會令你深受鼓舞，但就心靈的進展而言，你將墜回原點。諷刺的是，不久之後，你就會像厭倦舊法般地又開始厭倦新的修法。

你可以盡量去求見更多的上師，聽聞更多的法教，尤其若是你渴望遵循更高階的法道的話。你也應與修持同樣傳承的道友們相交往，但要盡量避免分心散亂，特別是對於那些乍看之下，比你所修持的似乎更吸引人的法門。

修行者成熟的徵兆

策列・那措・讓卓曾說，隨著修行者對見地的理解愈成熟，他對相當微細的因緣就會愈加挑剔；隨著體驗與了悟的增長，他對裝瘋弄狂就會愈缺乏勇氣；他愈調伏自心，對別人就愈加具有清淨顯相。從他的觀點來看，不僅是上師，而是包括金剛道友在內所有的人，都是「善」的，這是他的心已調伏的徵兆。

你或許會認為，自己的心愈調伏，就愈有可能看見他人的狂亂，然而事實恰好相反，成熟的修行者對他人的顯相，通常會比初學者更加清淨。修行者獲得愈多的證悟功德，他就愈加謙卑；他與上師在一起的時間愈長，便會愈加具有虔敬心；他愈聽聞、思惟佛法，就會愈快減少憍慢與自負。

一個大修行者最殊勝的徵兆，並非生出光環，或有非凡的吉祥夢兆，或感受連綿的大樂，或能預知我們痛苦的未來。最殊勝的徵兆，是他對物質上的獲益、名聲、他人的敬仰或做為眾人的焦點，毫不感到興趣。

祈請文以及應該祈請什麼

如父上師，三世諸佛之化身，請傾聽！
歷經諸法之無止輪轉，
內心急切促使我修法——感謝您，至尊上師！
感謝您的加持，讓我謹記「無常」。

康楚．羅卓．泰耶寫過無數優美的祈請文，這是其中一篇的略譯。我們都需要祈請「安忍」，但是我們也要祈請佛法能適切地顯現。

請加持我，至尊上師！
願我心轉向佛法，願佛法能入我心。
請加持我，至尊上師！

願我的佛法修行順利無礙。
請加持我！願法道途上之染污盡得遣除；
請加持我！願無明與迷妄化為智慧生起；
請加持我！願一切非佛法之念即刻止息！
當強烈習性驅使我，
當過往業力成熟時，
當無用之野心生起時，
至尊上師，請加持我！
願我所行一無結果。

在前述的祈請文裡，我們並非祈願讓自己的世俗願望得到滿足，而是向上師祈請：如果我們所祈求的是世俗利益，祈請上師確保這項祈願無法獲得滿足。

請加持我！願慈悲心與菩提心在我心中盛開。
請加持我！願我心中生起相對與絕對菩提心。
請加持我！願真誠、純正虔敬心在我心中成長。
請加持我！願啟發與激勵日漸增長永不消逝。
請加持我！願我下一個分心不至於令我散亂。

請加持我！願我永遠不被業力與習氣所擊垮。

請加持我！願我永遠不被良善的顯現所欺誑。

常常，我們會確信有些狀況的發生，是佛法修持的正面成果。問題是，我們反被這些狀況所迷惑，而讓似乎正面的成果轉變為負面的。因此，我們應該祈願不論發生什麼，我們都不會散亂。

請加持我！願我健康，因而得以利益眾生。

請加持我！願一切念頭都將我引至佛法。

最後這句祈願文特別美妙。雖然我們的念頭與行為看似平凡而世俗，但我們請求加持，希望同樣的行為能在將來利益他人。例如，你的腦中閃過一杯健力士黑啤酒，你突然很想去喝一杯，於是你到了酒館，在那裡不期然地遇到一個陌生人，你和他聊起了佛法。那位陌生人對你的話非常感興趣，還未打烊之前他就記下了當地佛教道場的地址。你那個凡俗的、想喝杯酒的需求，引導了那個陌生人與佛法結了緣。

請加持我！願我免於困苦，永遠富足。

請加持我！願我延年益壽，修持正法。

正如康楚仁波切在〈遙呼上師〉中所寫的：

請加持我！願我能圓滿成就正法。
請加持我！願我心生起甚深傷悲。
請加持我！願我收斂庸俗的計畫。
請加持我！願我牢記死亡的必然。
請加持我！願我對業力生起確信。
請加持我！願我心靈之道無障礙。
請加持我！願我能全力精進修行。
請加持我！願我能轉逆境為修道。
請加持我！願我能持續應用對治。
請加持我！願我生起純正虔敬心。
請加持我！願我能一瞥本然實相。
請加持我！願觀智甦醒於我心中。
請加持我！願我能徹底根除無明。
請加持我！願我此生能成就佛果。⑤

⑤英文翻譯由那爛陀翻譯委員會（Nalanda Translation Committee）翻譯改編自〈心中之密集虔誠：蔣貢・康楚・羅卓・泰耶之遙呼上師〉（*Intensifying Devotion in One's Heart: The Supplication Crying the Gurus from Afar by Jamgön Kongtrul Lodrö Thayé*）。詳見網址：http://nalandatranslation.org/media/Intensifying-Devotion.pdf

第十三章

「灌頂」與上師瑜伽四灌頂

灌頂——引介佛性

菩薩乘的修行者通常經由哲學性與思惟性的分析，來逐漸認識佛性，但這種方式只能讓人局部地一瞥佛性。若是要完整發現佛性，必須花三大阿僧祇劫的時間來思惟與修持佛法，尤其是有關「六波羅密」或「十波羅密」❶。而另一方面，金剛乘則是一開始就即刻引介弟子認識佛性，並且提供一條法道與法門，修行者經由此道，有可能在修持一座法之中，就發現佛性。這種法門有時被稱為「密續之道的第一扇門」（first door to the tantric path），但一般則稱之為「灌頂」（梵 abhisheka）。

雖然這兩乘在引介弟子認識佛性的方法上有所不同，但若是我們因而誤以為其中某種方法較好，或這兩者之間有好、壞之別，這都是陷阱。這兩者最主要的區別，在於菩薩乘

❶「十波羅密」是指菩薩在成佛道上所從事的修行。分別是布施、持戒、忍辱、精進、禪定、智慧、善巧方便、祈願、力量和正見。

的教法重點完全集中在「意」上，而金剛乘同時還關注「身」與「語」，因此金剛乘修持者以灌頂來引發佛性。他們所運用的「身、語、意」的化現會有名字，例如度母（Tara）❷、文殊師利或觀音，所以，從某種角度而言，灌頂本身似乎就在告訴你，你本具佛性。

爾後，一旦你的虔敬心積聚了足夠的福德，上師便會將你的佛性引介給你，但你是否能夠認出它，則取決於求受灌頂的你與授予灌頂的上師之間的業緣。所以，在理想上，求受灌頂者應該毫無動搖地信任授予灌頂者與其法道，但要能生起這種虔敬心並非易事。

❷度母：從觀世音菩薩的眼淚化現的女性菩薩，是大悲心的女性化身。

何謂「灌頂」？

梵語是一種極為豐富的語言，每個詞彙都精細而富含多重意義，因此可做多種的解讀。梵語「Abhisheka」（灌頂）的兩個基本含意在藏語中被譯為「torwa」與「lugpa」。torwa通常翻譯為「拆解」，其所指的是將我們包覆於內的「無明之繭」需要被拆解；而lugpa則翻譯為「傾注」，例如傾注加持，或更精確地是指發現我們的佛性。然而，當我們試圖瞭解此詞所含藏的完整意義時，這種翻譯可能會引起誤解，尤其是「傾注」一詞與「接受灌頂」的概念密切相關。

對於「灌頂」，最常見的是將它描述為某種儀式中的能力轉移，給予了接受者聞、思、修金剛乘法教的許可；我們因而「接受灌頂」。但問題在於「接受灌頂」暗示了某人給予某種我們之前不具備的能力，有如英國女王授予某人「皇家騎士」的頭銜一般，而這與密乘灌頂真實要義的差距實在太大了。

在灌頂中，我們被引介一個自己本具於內但尚未認識的面向，而啟動這種認識的，就是所謂的「灌頂」。這才是「Abhisheka」（灌頂）的真義。

「灌頂」的理論

按照「無上瑜伽密續」的說法，主要有四種灌頂（其他還有許多種，而每種都能再被細分成更多種），每種灌頂都是為了拆解四種無明或染污而設計的。

（一）脈、脈絡或通道的染污。

（二）氣、語或風能量的染污。

（三）明點的染污，概略而言就是意的染污。

（四）前三種綜合之殘餘物（類似「阿賴耶*」〔梵alaya〕）的染污，有時被描述為「總基」（ground of everything）的染污。

儀軌使用物

灌頂幾乎一定會使用儀軌物件、器具與素材，用以象徵深奧的心靈轉化。授予灌頂的上師首先將寶瓶置於受灌頂者的頭頂，然後倒一點藏紅花水（第一種灌頂的素材）在他們手中，並說：「飲此藏紅花水。」接著，他從顱器中取一勺甘露（第二種灌頂的素材）給他們，甘露在密續中被視為是佛父與佛母精華的融合。第三種灌頂中所使用的儀軌素材是關於佛母的，現在通常使用某些空行母的圖片。最後，在第四種文字寶句灌頂中，寧瑪巴和噶舉巴所使用的素材是水晶（這不一定必要），它象徵心的本性。

灌頂的每個步驟都可以用非常詳盡或非常簡單的方式施行，而且也可能會運用到各種素材、咒語、手印與禪定。

水做為密續素材

佛教起源於印度，當地幾千年來習慣用水來潔淨身體。這是一個很容易被引入當今世界的習俗，因為我們也常把「在水中清洗」與清潔、淨化聯想在一起。因此，當我們清洗時，至少並未再積聚更多的污垢，這一點不難理解。

日常又普通的水經常被拿來做為奇特的密乘之物使用，其理由很多。最重要的是，人們的習性常被融入金剛乘的法道中，整個金剛乘法道的構成，都是來自於反映我們的習性與習慣的善巧方便。就如同用水洗滌T恤是眾所熟悉的習慣，所以不會有人想要用花園裡的泥巴去洗。

然而，金剛乘的教法同時指出，我們所謂的「水」有很多種化現。我們大多數的人對於用水龍頭或水槽的水來洗東西不會有疑慮，但如果是使用取自馬桶的水來洗滌的話，就會卻步。當然，如新加坡等地，有些技術進步到沖過馬桶的水與其他用水還可以一起回收再用，但是當我們看到它從淋浴噴頭湧出時，卻完全忘了它的歷史，因為現在它是用來清洗身體的水了。同樣的，水一旦被倒入供杯，馬上就成為供養用的水。所以，雖然所有這種由一個氧原子與兩個氫原子組成的無色液體（H_2O）通稱為「水」，但當它與其他物體或狀況相連時，我們對它的顯相就跟著改變：有氣泡的是飲用水，浴缸裡的是供人清洗的水，花園裡破鐵缸的是給狗洗澡的水，加到汽車散熱器裡的水變成了冷卻系統，而池子裡的水是用來游泳的。這種狀況有時會變得很極端，例如在瓶裝水的世界中，有個日本品牌，一瓶兩百毫升的水竟然要賣到一百多美元！

既然我們習慣於把水轉化為各種不同的形式，堅持某種水「清淨」而另一種水「普通」的這種邏輯，與我們分別飲用水與廁所用水的邏輯是相同的，那麼，為何不把它也做為密續的素材？所以在灌頂中，水被做為一種供品來使用，有時甚至每滴水都被視為主要本尊的壇城。酒與食子*（torma）有時也拿來用做供品，所有這些供品都被觀想為具有不同的功能。

修法：自我灌頂

我們在日常修法中，顯然不必準備所有的儀軌物。事實上，以禪定及觀想修持來進行自我灌頂，比起繁複的儀軌效果不會不同，甚至更強而有力。

四種灌頂通常是在「上師瑜伽」的結尾，你接受的次數愈多愈好。因此，你可以考慮在每持咒一輪念珠後，重複一次灌頂的觀想。

你或許會想在一座修法之內接受全部的四種灌頂，或在一段時間內（例如一個月或一年）集中於一種灌頂，然後再換到下一種。如此，在第一年的「上師瑜伽」修持中，你可以只觀想白光從上師額頭射出，到了第二年，紅光由他的喉間射出，依此類推。如果你決定以這種方式修持的話，請別忘了要完成剩下的灌頂，而如果時間緊迫，你可以稍微簡略地加速進行，但是一定要全部完成。

寶瓶灌頂

觀想白色種子字「嗡」（OM）於上師額頭。如果你覺得很難清楚地看見這個字母的話，不必擔心，只需要想像一束強烈、明亮的白光從上師額頭放出而融入你的額頭即可，這與修持「金剛薩埵」的觀想類似。白光特別淨除你的「脈」（細微的通道）與五處「輪」（能量中心）的染污，以及你的身體所造的一切惡行。然後，想像上師的「身」與你的「身」合而為一，不可分離；換句話說，你的「身」成就為「金剛不壞身」（indestructible vajra body）。

如此，你已獲得了寶瓶灌頂，「生起次第」之門已為你打開，隨著白光充滿全身，化身的種子已然在你身上播下。

祕密灌頂

觀想紅色種子字「啊」（AH）於上師喉間，耀眼的紅光由此放射而出，融入你的喉間，淨化你的「語」染污與「氣」（內氣）的蔽障。隨著紅光融入於你，想像你的「語」與上師的「語」（金剛語）合而為一，不可分離。

現在，你已獲得祕密灌頂，「圓滿次第」[*]（梵 sampannakrama）的大門已經打開，報身的種子已然在你之內播下。

智慧灌頂

觀想藍色種子字「吽」（HUM）於上師心間，發出炫目的藍光，融入你的心間，驅除「意」的所有染污，淨化明點（能量）所有的蔽障。你的「心」與上師的「心」（金剛意）合而為一，不可分離。

如此，你已獲得智慧灌頂，「立斷」[*]（藏 trekchö，兩種無相圓滿次第修持的第一種）的大門已經打開，而法身的種子已然在你心中播下。

文字寶句灌頂

觀想另一個藍色種子字「吽」（HUM）於上師心間，更多的藍光自此射出，並融入你的額頭、喉間、心間與整個身體，驅除你所有的染污、殘留的染污以及任何殘餘的習性。你得到上師身、語、意的加持，你的身、語、意與上師的身、語、意（金剛智慧）合而為一，不可分離。

你現在已獲得文字寶句灌頂，它摧毀了阿賴耶以及所有「心」的痕跡。自生智慧的大門已然打開，自性身*（梵svabhavikakaya）的種子已經在你之中播下。

從理論上而言，在這個最後的灌頂中我們摧毀了一切染污之根，藉由觀想更多的藍光由上師心中「吽」（HUM）字放射而出，我們獲得上師身、語、意的加持。

如果你依據的前行修行在細節上略有不同的話，無須擔心，按照你的法本去做即可。

你如何知道自己是否確實獲得了灌頂呢？我們常以為只要歷經了灌頂儀式的過程，就會獲得灌頂。啜飲過加持水等儀式，也許從象徵性的角度而言是已足夠，但從實際上而言，則遠過於此。誠如策列．那措．讓卓所說，如果你仍然體驗現象（外在載體與內在內容）是「世俗的」，那麼你就尚未獲得寶瓶灌頂；如果你無法體驗所有音聲都是咒語，那麼你就尚未獲得祕密灌頂；如果你無法體驗所有的心所（mental factors）❸與妄念都是智慧，那麼你就尚未獲得智慧灌頂；而如果你不理解一切都是法身，那麼你就尚未獲得文字寶句灌頂。

❸「心所」是「心所有法」的簡稱，也就是為心所有的各種思想現象，共有五十一法，與心同時生起，執行個別的作用，以認知對象。

認識心的本性

在第四種灌頂的最後，當你的心與上師的心融合之後，你有絕佳的機會來修持揭露心性以及穩定心性認知的技巧。這是獲得證悟的唯一迅捷之道，而且根據頂果．欽哲仁波切所說，這是認識心性最快的方法。持續凝視「明」與「空」的結合，恰如其本然如此，未曾一刻與你自己分離，並毫無散亂地安住於此認知之中。他說，沒有任何有情眾生曾有片刻與自己的心性分離，但是，由於對此毫無覺知，於是我們去追逐各式各樣的迷妄。所以，要生起悲心並祈願：願所有眾生明瞭勝義諦——「覺—空無造作之心」（awareness-emptiness uncontrived mind）即是究竟法身，而且從未與我們任何人分離。向心的本性祈願，純然依賴它，並渴望證得它。

頂果．欽哲仁波切又說，如果你能衷心地向慈愛的耶喜．措嘉佛母（Mother Yeshe Tsog-yal）❹祈請，她無疑地會以其悲心來擁抱你，並在此生、來生以及你在經歷中陰的時刻，與你永不分離。所以，當你接受各種教法與灌頂時，要想像這些都是耶喜．措嘉佛母所授予給你的。

❹耶喜．措嘉佛母是蓮花生大士的祕密佛母與大弟子，她幫助蓮師廣傳佛法，特別是為後代弟子埋藏伏藏。

生起次第與圓滿次第

雖然本書大部分是有關前行修持的建議，但是瞭解一些生起次第與圓滿次第的內容，或許會有點幫助。對於那些想要做這類修行的弟子，或許還可以當作一道開胃菜。

金剛乘有兩種主要的禪定修持，即生起次第與圓滿次第，這兩種禪定反映了所有的現象都有起始有終結、有生有滅、有生有死的事實。為了清淨起始，我們修持生起次第；為了清淨終結，我們修持圓滿次第。這兩種修行次第背後的目的，是極其廣大而深邃的。雖然這可能是個粗略的歸納，但生起次第的目的是為了證得一切顯現與存在（顯有）的本質，而圓滿次第的目的則是為了證得空性的本質。

一般而言，「顯現」與「空性」這些名詞給人的印象是兩個不同的實體，但在金剛乘佛法中，它們並非分離的。「顯現」與「空性」的分離造成根本無明，為了結合這兩者，金剛乘於是提供給我們生起次第與圓滿次第的技巧。我們在觀賞彩虹時，某種程度上知道它雖然看起來很美，但並無堅實的存在。而在另一方面，當我們看著自己的血肉之軀時，卻缺乏能力去理解自己所見的一切都只是「顯現」與「空性」的結合，恰如彩虹一般。

生起次第涉及各種密續的方法，包括觀想自己為本尊、蓮花、日輪與月輪座，以及從本尊心間放射與收攝光芒。圓滿次第則涉及兩種禪定——「有相圓滿次第」與「無相圓滿次第」。「有相圓滿次第」包含許多阿努瑜伽*（梵 anuyoga）的修持，例如觀修「輪」與「脈」，以及把「氣」有意識地集於中脈*（梵 avadhuti）來控制，還有夢瑜伽（dream yoga）、中陰修持與拙火*（梵 Kundalini）等修持；這些都包含在「有相圓滿次第」的修行之中。在此之後，則是「無相圓滿次第」，這是最高形式的「觀」的修持。

遍知昆秋．龍達（Je Könchok Lhundrub）說，藉由生起次第的修持，修行者能以世間萬物做為修行之道；而藉由圓滿次第的修持，修行者能轉化所有煩惱（情緒），並以其為修行之道。

薈供

在此年頭，雖然薈供並非前行的一部分，但很多金剛乘團體用它做為某種每月一次的盛宴。然而，它其實比一個派對的藉口要來得重要許多。

要「如法」地做薈供，很多方面是相當困難的。僅僅只是集合適當的會眾就夠困難的了；要找到正確的供品，那就更是難上加難。

在印度，最高尚、最尊貴的種姓是婆羅門。在佛陀的時代，婆羅門的思想主導著印度社會，任何一種肉類都被認為是最下等、最骯髒且是最沒人要的物品。直至今日，嚴格的婆羅門家庭成員都不願邀請吃肉食、穿皮衣的老外*（Inji）到家裡用餐，因為他的家人會認為像你、我這種人，只比動物好一些而已。然而，佛教最高教法所用的方法，目的即在對抗婆羅門慣常的禁忌與偏見，因此所有他們認為禁忌的物品，都成了薈供的一部分。

現在，很多佛弟子把香檳酒與上等牛排用在薈供中，但是做這種供養要謹慎而行。對於那些並非生活在婆羅門文化的人而言，肉與酒是常見的膳食附屬物，根本未受到鄙視。因此，使用當代社會不接受或不欲求的物品來做薈供的目的，已完全喪失。理想上，我們應該供養一盤盤的大便，因為對現今科學化的心智而言，細菌與糞便幾乎普遍地被認為是「骯髒」的，或甚至是極其危險的。而就技術上而言，薈供的意義在於修行者對他們所食之物應無偏好；一盤糞便與一片美味的起司蛋糕，應該都視如同樣的珍饈。

當代的金剛乘修行者所面臨的另一個問題是，薈供常變成極度喧囂而狂野的派對。上師與弟子們雙方所顯現出的缺乏戒律，不僅使得本來就令人懷疑的這個傳統名譽蒙塵，而且更違背了大多數的金剛乘薈供三昧耶。

很多弟子都被告知要供奉最好、最昂貴的飲食，以做為幫助自己不再執著金錢的一種方式。這確實有效，但同時我們也不可忽略「無二元分別」的概念。對金剛乘修行者而言，不論是糞便或牛排，本質上都是相同的，因此薈供不應當只有最乾淨、最美味的食物。話雖如此，但我絕對不建議你在薈供中供養糞便，因為我們聞到它時所生起的反感，反而有可能會非常嚴重地違犯三昧耶。

對於剛剛接觸前行的人而言，薈供的繁複修持方法或許會令人感到有點太過複雜，所以你可以用一個很簡單的方法來修持。你只需要在正常用餐時，念誦自己喜愛的任何薈供祈請文，例如米龐仁波切的〈如雨之加持〉（*The Shower of Blessings*），或者拿些餅乾與水果做為供養，並同時念誦薈供祈請文即可。

第十四章

有關修持的忠告

以情緒（煩惱）為道

在《維摩詰所說經》（梵 *Vimalakirti Sutra*）中，文殊師利菩薩指出蓮花無法在乾旱之處生存，只有生根於潮濕的泥土才會盛開。同樣的，只有那些我執與情緒（煩惱）大如須彌山的人，才能生起阿耨多羅三藐三菩提心。❶情緒在心靈之道的每個階段，都能派上用場。譬如說，如果你是屬於「貪愛氾濫」的人，也許可以嘗試去遵循特意避免讓貪愛付諸行動的法道；或者，也可以嘗試容許貪愛來主導自己的行為，但不被它伴隨而來的蔽障所困。正如文殊師利菩薩所說：「一切煩惱，為如來種。」❷

你千萬別因自己巨大的情緒而感到挫折或被它征服，也不必自困於這種想法——認為

❶《維摩詰所說經》第八品〈佛道品〉。於是維摩詰問文殊師利：「何等為如來種？」文殊師利言：「有身為種，無明有愛為種，貪恚癡為種，四顛倒為種，五蓋為種，六入為種，七識處為種，八邪法為種，

在最終證得心的本性之前，要完全克服這些情緒會是多麼困難，甚或無望。誠如堪布恩加（Khenpo Ngaga）所說，一切的染污都是暫時的。他所說的完全正確，我們的染污是暫時的，因此相對地就易於捨棄與淨化。然而，若不經過修行，我們會因為對它們太過於熟悉，而無法覺察它們。也正因如此，它們不會自動崩解，這點值得我們謹記在心。然而，由於情緒確實是暫時的，因此，即使是以最少量的禪定修持，也很容易令它們分崩離析。

金剛乘弟子們常有沙文主義的傾向，他們以為「以情緒為道」是金剛乘的獨門祕訣，因此一有機會都如鸚鵡學舌般地重複。但他們錯了，根據蔣貢．康楚．羅卓．泰耶所說，所有三乘都包含如何「以情緒為道」的教法。

三乘的方法——捨棄、轉化與了知

蔣貢．康楚．羅卓．泰耶根據「捨棄」（abandoning）、「轉化」（transforming）與「了知」（knowing）三種行為，來教導三乘。他的教授不僅提供了如何修持佛法的實際建議，更明確地定義了聲聞乘、菩薩乘與金剛乘。他也提供了三種處理「貪愛」的主要方式如下：

（一）聲聞乘的方法是以壓制、拆解與勸阻，來「捨棄」貪愛。

（二）菩薩道的方法是「轉化」貪愛，因此你不必然要捨棄它，但是不允許以狂野、未調伏或有害的方式隨意地任其出現。

（三）金剛乘的方法是「了知」一切貪愛的本質。修行者以全然的「無作」來圓滿這種

九惱處為種，十不善道為種。以要言之，六十二見及一切煩惱皆是佛種。」曰：「何謂也？」答曰：「若見無為入正位者，不能復發阿耨多羅三藐三菩提心。譬如高原陸地，不生蓮華，卑濕淤泥乃生此華。……如是入無為正位者，不生佛法；起於我見如須彌山，猶能發于阿耨多羅三藐三菩提心，生佛法矣！是故當知，一切煩惱，為如來種。」（《大正藏》卷十四，頁549a-b）

❷參見注釋❶。

「了知」，亦即不順從於情緒。同時，不對貪愛生起厭惡，當然也不以轉化它而將它捨棄或矯正。單純地只是覺察它，就足以保證我們不會陷入它的遊戲。

密咒乘的方式是「不造作」。在無造作的境界中，只是單純地去認知。

聲聞乘的方法——捨棄

聲聞乘的方法是，每當情緒生起時，便試圖去阻擋或捨棄它，提醒自己輪迴生命的徒勞無益，並且分析沉溺於情緒所會帶來的痛苦。當你開始明白與情緒妥協無法帶來任何真正的快樂，因而對它們感到厭惡時，你就距離培養「出離心」稍微更靠近了一步。

在實際上，每當貪愛生起，就會造成痛苦，雖然在某些方面它似乎會令人快慰，但所有的情緒最終都會造成痛苦。欲望可能帶來「極喜」的感受，或至少是某種的滿足，但是同時，它也會滋生希求更多類似體驗的期待，以及擔心它不再發生的恐懼，這都讓痛苦無可避免。

聲聞乘的修行者藉由類似「不淨觀」❸的修持，來捨棄貪愛的情緒，這種禪修也被稱為「觀無常」。想像你面對著擁有醉人美貌、令人意亂情迷的對象，正當激情上升時，你去分析此情欲對象，分解他（她）身體的每一部分。剝開肌膚露出血、膿與黏液，切開腸子來看糞便。你很快就會知道，在這種檢視之下，沒有人能保持「美麗」。突然之間，你所垂涎的對象就不再吸引你，不再令你痴迷，因為他們身上並無本具珍貴或值得愛慕的東西。

❸「不淨觀」是指思惟身體各器官與組織（三十二身分，例如頭髮、體毛、指甲、牙齒、皮膚等），或屍體的腐敗之相（例如腫脹、青瘀、膿爛、斷壞、食殘、散亂、斬斫離散、血塗、蟲聚、骸骨等十相），其目的在於藉由觀察色身的醜陋與無常，而減弱對色身的執著。

千萬別把佛教徒的「觀無常」與「不淨觀」誤認為是正當性的蔑視，或是對人體、女性的污辱。藉由將一個美麗的整體分解為不太美麗的部分（血、膿等），它的目的是在平息我們的欲望。這是毫無風險的修持，因為它要我們做的只是單純地面對所痴迷的對象，讓我們看見其原始而未加修飾的真相而已，但我們通常都會發現，這些真相令人難以「下嚥」。

一般而言，這種聲聞乘的方法，要比滿布風險與陷阱的祕密金剛乘更適合我們修持。聲聞乘教法不僅單純、直接且坦誠，同時它也針對著不變的日常真理，例如「諸法無常」、「諸漏皆苦」等。

菩薩乘的方法——轉化

除了應用聲聞乘的方法之外，菩薩乘還強調轉化情緒的方式。怎麼做呢？例如，發願自己能吸收所有眾生的嫉妒，使得他們因而都能徹底斷除嫉妒。運用這種方式，就能轉化我們所有的情緒。

身為佛教徒，你所接受的教導大都認定瞋恨是負面的情緒。因此，對於自己在心中所生起的任何瞋恨傾向或念頭，你的第一個反應就是要排斥它。而你排斥它的理由，是因為你珍愛「自己」，因此你成為一個自我中心者。身為自我中心者，你不想讓瞋恨、嫉妒或任何其他負面的情緒，威脅到自己成為公認的「好」佛教徒的機會。

然而，根據菩薩道更廣大的見地，排斥你的瞋恨其實是一種缺點。想要排斥壞的，而只想保留好的，表示你仍被我執所染污。因此，當菩薩道修行者注意到自己的瞋恨時，她反而應該想：「瞋恨確實不好！但我不是唯一深受其苦的人，一切眾生都飽受其苦！所以，願我能為一切眾生承擔瞋恨、嫉妒與憍慢。」

從相對的層次而言，當你承擔他人的痛苦時會如何？在根本上，你忤逆了「我執」的願望。所以，假如你的我執想要成為眾生中最神聖、最無上者，以便炫耀它毫無貪欲或嫉妒的話，那麼這絕對是你應該修持以便對抗並抵制它的法門。藉由持續不斷地如此修持，我執會變得愈來愈小，直到它終無立足之地。一旦如此，你的情緒會變成什麼？屆時，它們就會像稻草人或海市蜃樓般地無有生命。你能想像沒有一個「你」或「我」會是什麼狀態嗎？你所有的瞋恨與貪愛會到哪裡去？你該如何是好？

菩薩也了知情緒是和合而成的現象，它們終會耗盡。究竟而言，既然情緒並非真實或永久存在之物，因此它是無自性的。如果情緒不是本具空性的話，它們就會是「真實的」，因此轉化便毫無可能。具備了這種理解，菩薩因而能轉化自己的情緒。

金剛乘的方法——了知

金剛乘告訴我們，任何時候當貪欲或其他情緒生起時，只要「看著」（watch）它，別做任何事情——不要造作。但這是一個很容易被誤解的指導，當情緒生起時，「不要造作」單純地意指「不要做任何事」。它並不表示如果你正在街上行走就應該停下來，找張長椅盤腿而坐，並試圖去「看著」情緒。此處的重點是當你注意到情緒時，大部分的人都習慣於追隨它，而非「看著」它。當感受到貪愛時，我們就跟從自己的貪愛；感到憤怒時，我們就跟從自己的憤怒，或者僅僅只是壓抑它而已。

那麼，我們應該如何處理情緒呢？完全不要造作，只要看著它就好。當你注視情緒的那一剎那，它就會消失。初學者會發現情緒很快會再次出現，這不要緊，重要的是，當你開始看著自己情緒的瞬間，它們立刻就會消失。即使只消失了一瞬間，「情緒消失」的這個事實，便意味著智慧的曙光在片刻之間出現了。「了知」所指的就是認知此赤裸的覺性。

「了知」情緒，就是理解到：由於情緒沒有根源，因此它不存在，也從未曾存在。有些人談到情緒，尤其是負面情緒時，就把它們看成某種執意要入侵你的可怕邪魔之力，但它們完全不是如此。

當你感到憤怒時，只管看著自己的憤怒；不是看著憤怒的原因或結果，而只是看著憤怒情緒本身。當你注視著自己的憤怒時，會發現沒有任何東西你可以指著它說：「這是我的憤怒。」而理解到該處毫無一物存在，就是所謂的「智慧初開」(dawn of wisdom)。

同時運用捨棄、轉化與了知

你可以將這三種方法一起練習。例如，當你走在街上，突然感到強烈的瞋恨時，便可以同時運用捨棄、轉化與了知。

（一）提醒自己瞋恨只會引來更多的痛苦，因此發怒有什麼用呢？不論引起你憤怒的是什麼，它都純粹是自己顯相的產物。能在一瞬間了悟自己所感受的情緒是徒勞無益的，這就是在修持聲聞乘的徵象。

（二）發願承擔所有眾生的憤怒，願他們因而能徹底地斷除憤怒。如此，你就是在修持菩薩乘。

（三）只是看著你的情緒而不加任何造作或批判，這就是與金剛乘相關的修持。

最後的忠告

其他的修持方法

如果你的日課是修持前行，並且依照傳統方式在累計每項修持的話，那麼你就按照法本上的順序去做，但要把大部分的時間花在你要累積的修持上。如果你正在累積大禮拜的數量，那麼就花最多的時間在修持「皈依」上，然後再念誦「生起菩提心」、「金剛薩埵淨化」、「供養曼達」與「上師瑜伽」等其餘的修法。等到完成了十萬遍的大禮拜，你還是從「皈依」開始修持日課，但把最主要的座修放在「生起菩提心」上，然後再念誦「金剛薩埵淨化」、「供養曼達」與「上師瑜伽」來結束修法。如此完成每項前行修持，直到完成你要累積的數量為止。

一般認為，修行者都應該累積每項修持達十萬遍，常常還要累積至少一百萬遍的「蓮師心咒」，並且依照前行法本上的順序去進行。但是，你的上師有可能不會指示你這樣做，而是各花一段時間，例如四個月或一百個小時，去修持每一項。

你也可以按照不同的順序來進行。例如，如果你有時間又有大量的精力，那麼便可以在早晨累積大禮拜，晚上累積「供養曼達」。之後，當你不想那麼活動身體時，便可以用靜坐來累積「百字明咒」。不論你怎麼做，目標始終應該是累積每項修持至少達十萬遍。這就是所謂的「完成前行」。

你一定要以「皈依」與「生起菩提心」開始，並以迴向你的修持給一切眾生的究竟幸福與證悟做為結束。

如果你要做前行閉關，修持的方式是相同的，但你應把一天分成三座或四座，並且在每座之間都要從頭到尾完成前行。

閉關

閉關時間的長短沒有一定，可以從一個週末到整個一生，至於你的修持時程有多嚴格，全視自己的情況而定。

做前行閉關，你無須設置繁複的壇城，而你所需要的儀軌物也在本書前面提過。

如果你要閉長關（一年至三年），最好自己規畫一個比較寬鬆的時程。如果你的閉關時間很短（一、兩天或一週），那麼時程就要安排得緊湊一點，因為如果時間有限，最好盡量抓緊每一時刻。

你結界的嚴密程度，完全取決於個人的需求與情況。如果閉關的時間長於一個月，要在結界範圍內包括醫生、水電工、牙醫，以及在緊急狀況下可能需要召喚進來的人。

不論是結界或解界都無須太多儀式，我注意到，一般對這種儀式大張旗鼓的人，通常都不太能守住他們的界限。在修持的空間結界，是為了提醒自己閉關的意義在於從散亂中抽離，而這種抽離只有自己才有能力做到，沒有其他人能夠或應該將它強加於你。

一個嚴格的閉關應該有相當長時間的座修與相當短時間的休息，而且完全不與外界溝通，不論是面對面或經由電子郵件、簡訊或其他任何形式。你也絕對不該主動從電視或廣播裡找尋訊息。

如果你決定進行短暫而嚴格的閉關，第一座可以在凌晨三點開始。七點用早餐，然後修第二座。午餐可以在中午左右，然後修第三座。第四座則在晚餐之後。晚餐時間可由你決定，每次休息時間的長短也由你決定，這都取決於你的意志力與精進的程度。

閉長關時，最好有個不在閉關的人幫助你，例如幫你帶來食物，或幫忙買藥品，或各種必要的採買等。

如果你要更講究、更多的閉關配件，請你去請教閉關上師，或已經完成過閉關的人，或參考閉關指南。

重要的是要在整個閉關過程中，持受所有你在第一天所立下的誓言。一個好的建議是，絕對不要在一開始時許下過多誓言，然後在閉關過程中再想辦法通融。比較好的辦法是，立下有彈性又能兌現的誓言，然後日復一日地自我規範。以此方式閉關，你就不會因為破戒的「業」而受到染污，而且還會因為做得比本來承諾的更多，而積聚更多福德。

睡瑜伽與醒瑜伽

想要把日常的睡眠活動變得有價值的人，可以嘗試修持「睡瑜伽」（Sleep Yoga）。當你上床躺下時，觀想並專注蓮師在自己的心間。在目前的階段，如此做即可。

在早晨時，蓮師從你的中脈升起並端坐於頭頂。你可以念誦下列《龍欽心髓前行》中的特別祈請文來引請上師，或從其他來源選取任何一段。

上師，請關照我！
從我內心綻放的虔敬蓮花之中，
大悲上師升起！
我唯一的皈依！
我飽受過去業與混亂情緒之苦，
為了保護我
於此不幸中，
請安住我頭頂（大樂之壇城）
做為珍寶嚴飾，
令我生起所有的正念與覺知，我祈請！

睡眠時，「上師住於心間」的概念是一種象徵性的教法，亦即告訴你外在上師其實是自己的佛性。當然，在第二天早晨醒來時，身為二元對立眾生的你，仍然會認為外在上師是個於你之外的人，為此，金剛乘教導我們要把上師從心間升到頭頂。

很多人覺得依照既定的時程進行時，修行比較容易，他們也喜歡聽鈴聲的召喚來修行。對某些人而言，有個時程表是很好的，而共修雖然很重要，但要記得它的目的是在啟發個人的修持。

個人的修行最為重要，如果你有時間，應該去做正式的前行閉關，每天修持三到四座。你也可以用累積前行做為日課，如果不想一次就先完成十萬遍大禮拜，然後才開始累積「金剛薩埵」等其餘修法的話，你也可以先做兩萬遍大禮拜，然後累積兩萬遍「百字明咒」，再回去繼續累積大禮拜。另一種選擇，你也可以同時累積所有的四加行。不論你做何決定，我建議你專注於每項修法的「融入」部分，而且在你的心與上師的心相融之後，盡可能地安住於那種「不可分別」的狀態之中，愈久愈好。

進步的徵兆

修行中進步的徵兆是什麼？我們能期待些什麼？我們是否應該等待上師的信號或獎勵？根據噶瑪．恰美仁波切所說，我們不會有任何覺受，沒有任何特別的夢境，也毫無清淨的顯相。當你的出離心、傷悲之心與虔敬心在心中如火般熾燃時，往昔噶舉派的上師會讚揚這是「徵兆之王」（king of all signs）或「無兆之兆」（sign of no-sign）。最值得你珍視的徵兆，包括：對佛法修行日益增強的胃口；覺察到所有從事之事都徒勞無益；與舊習氣產生的結果生起日趨強烈的衝突；還有，雖然你仍有心參加朋友的派對，卻被一種覺得毫無意義、純屬浪費時間的惱人感覺所困擾。

因此，你不必時時刻刻以完成修法為目標；相反的，你應當接受「自己的心靈之旅將永無終點」的見解。你的旅程起始於希望親自帶領一切眾生獲得證悟，所以，直到那個願望達成之前，你身為菩薩的事業，將永無止息。

致謝詞

不論是否有價值，動念寫這本語無倫次的書，最初是在馬丘比丘（Machu Pichu）的一座山頂上產生的，而終稿於我印度比爾（Bir）的家中。

本書的內容是以二〇〇一年我在德國西爾茨（Silz）所給予的教授為基礎，在那次教授之後，大家花了很多的時間與精力做了錄音的文字稿（有些弟子將它複印並分發到各處），後來欽哲基金會（Khyentse Foundation）出版了由香奈兒・格魯納（Chanel Grubner）編輯過的版本，並且提供了免費下載。

然而，每次我聽自己給過的教授或閱讀文字稿，幾乎都無法理解自己所說過的話。更糟的是，我發現自己經常無意間以錯誤的訊息誤導了聽眾。所以，從很多方面而言，由於我擔憂在西爾茨所犯的錯誤會有業果，才促使我重新組織並矯正了那些有關《龍欽心髓前行》的教授，《不是為了快樂——前行修持指引》這本書因而產生。

如果本書能帶來任何極為微小的利益，那麼，首先且最主要的，要歸功於所有令我敬畏的上師們，儘管我仍對這些智慧與慈悲的輝煌化身們竟然曾經行走過這個世界的事實，深感困惑。

如果本書讓人可閱讀或能理解的話，都是由於一位在此生名為潔寧・休茲（Janine Schulz）的英國女士。還有許多人飽受做牛做馬的編輯之苦——由於我不可靠的習性、不完整的句子與缺乏耐心的傾向；還有很多人犧牲了寶貴的時間，對原稿提供了建設性的批評或各種資料。他們包括黃靜蕊（Jing Rui）、朵瑪・甘特（Dolma Gunther）、艾莉賽・德・格蘭德（Elise de Grande）、許功化（Florence Koh）、諾雅・瓊斯（Noa Jones）、凱瑟琳・佛罕（Catherine Fordham）、阿利克斯・夏基（Alix Sharkey）、汪海瀾（Helena Wang）、尼瑪・楊晨（Nima Yangchen）、貝瑪・亞伯拉罕（Pema Abrahams）、亞歷克斯・特力索里歐（Alex Trisoglio）、邵新明（Sin-ming Shaw）、史提夫・克萊因（Steve Cline）、雅各・萊西里（Jacob Leschly）、亞當・沛爾西（Adam Pearcey）、安妮・班森（Ann Benson）、賴里・默梅爾斯坦（Larry Mermelstein）、凱洛琳・吉米安（Carolyn Gimian）與比丘尼錦巴（Ani Jinpa）等。

我們活在一個完全由因緣所構成的世界裡，因此在寫作本書中不免需要費用。在此，衷心感謝拉堤有限公司（Rati Ltd.）慷慨地負擔了我所有的花費。

對於那些設法隨意翻閱本書幾頁的人，雖然不太可能從所讀到的文字中獲得任何利益，但是，願你至少被佛法徹底迷住，不論經由何種方式。

譯者後記

這是一本當代版的《普賢上師言教》。

宗薩．欽哲仁波切以其深廣的悲心與浩瀚的智慧，為金剛乘道上的學子寫下了這本關於金剛乘「前行」的指引。《不是為了快樂——前行修持指引》一書，不只是前行修持不可或缺的指南，更是一部滿盈「竅訣教授」的精要法教。金剛乘的修行者，無論是做「前行」或任何其他修持，一定會如我一般，發現在仁波切特有的詼諧與叮嚀的智慧話語之下，本書處處充滿了讓我們得以導正缺失、免於執著的珍貴教誨。

再度地，仁波切為了讓全球所有的中文讀者能盡早接觸此書，特別安排在英文書尚未定稿前就進行翻譯。（英文書名為*Not for Happiness: A Guide to the So-called Preliminary Practices*，於二〇一二年三月由香巴拉出版社〔Shambhala Publications〕出版電子書。）因此，諸位手中的版本是本書全球的第一本紙本書。同時，仁波切也在英文電子書出版後，應譯者請示不明瞭之處，加以補充說明。仁波切也提供了今年初在斯里蘭卡拍攝電影時之攝影作品，更為本書增色不少。

我很榮幸能為此書的翻譯獻上微薄之力。我要特別感謝四位同修——曹海燕、周勛喬、馮藝三位女士與溫立明先生，他們在極短的時間內費心完成了大部分的初稿。也要特別感謝見澈師父再度幫助校對，見澈師父精湛的佛學素養與細膩的校稿功夫，大大地彌補了我學淺又粗糙的譯文。我也要特別感謝徐以瑜女士，她深厚的佛學底蘊與對藏文的熟稔，隨時給我甚多幫助，也要感謝蘇南·彭措喇嘛（Lama Sonam Phuntsho）對多處名詞的解惑。更要感謝橡實文化的周本驥總編輯，容忍我一再地拖延。當然，本書中文譯本所有的疏漏與錯誤，都是我個人才疏學淺之過。

在書中，我延續《近乎佛教徒》一書，將「emotion」一詞大都翻譯為「情緒」，僅在某些地方加注「情緒（煩惱）」，或在極少數恰當之處，直接譯為「煩惱」，原因是使用「情緒」一詞，一方面在文句上經常比較順暢，另一方面也可避免與當今「煩惱」一詞的通俗意義相互混淆。同時，我也延續《普賢上師言教》，將「perception」一詞翻譯為「顯相」。另外還有一些詞語，例如談到我們與上師或本尊「融入」時的「無二」狀態，我有意不將它們統一，希望這種不可言說之境不被固定詞語所限。當然，這些都是我的淺見，尚祈各方大德指正。

當然，最要無限感激的是上師宗薩·蔣揚·欽哲仁波切。再度地，在我浮沉於伸手不見五指的漆黑輪迴大海中時，仁波切滿盈慈悲與智慧的這本書，恰似倏然出現的閃電，讓我得以在剎那間一瞥航行的方向。

翻譯此書若有任何的福德，謹將之迴向我已往生的慈母，以及一切如母的眾生，願他們都速證菩提。

姚仁喜　謹記

二〇一二年四月三十日

名詞解釋

以下詞彙定義多數借用或修改自「本覺維基」（rigpawiki.org）與蓮師翻譯小組（Padmakara Translation Group）所出版的書籍之詞彙表與參考資料，經由他們慷慨允用。其他資料來源則另行註明。

二畫

十方（ten directions；梵 dashadiga；藏 phyogs bcu）：四方（東、西、南、北）、四隅（東南、西南、西北、東北），以及上、下兩個方位。

十四根本戒（fourteen root samayas；藏 rtsa ltung bcu bzhi）：又稱「十四根本墮」。為新譯派（Sarma tradition）十四條主要的三昧耶，包括：㈠詆毀金剛上師；㈡違犯如來之教；㈢瞋恨金剛兄弟、姐妹；㈣捨棄對眾生的慈心；㈤捨棄菩提心；㈥詆毀經典與密續的教法；㈦對未成熟者宣說密法；㈧傷毀自身；㈨捨棄空性；㈩與誹謗上師、佛、法、僧者為伴；⑾對正法不起信解；⑿令信士對教法生厭；⒀不備妥法器聖物；⒁詆毀女性。

《入菩薩行》（*The Way of the Bodhisattva*；梵 *Bodhicharyavatara*）：寂天（梵 Shantideva）對大乘之道的經典指南。

三畫

三乘（three yanas / three vehicles；梵 triyāna；藏 theg pa gsum）：從基礎乘與大乘的觀點來看，「三乘」是指聲聞乘、緣覺乘（梵 pratyekabuddhayana）、菩薩乘（梵 bodhisattvayana）；而從金剛乘的觀點來看，「三乘」是指基礎乘、大乘、金剛乘。

三增上學（Superior Threefold Training；藏 bslab pa gsum）：「三增上學」是：㈠增上戒學；㈡增上定學；㈢增上慧學。它們之所以稱為「增上」（superior），是因為此三者與其他非佛教的儀軌或禪修不同，依此三學可達到解脫與遍知。

大手印（Great Seal；梵 Mahamudra；藏 phyag rgya chen po）：「大手印」是噶舉派（Kagyü）的禪定傳承，由印度的彌哲巴（梵 Maitripa）與那洛巴（梵 Naropa）傳給西藏的馬爾巴（梵 Marpa）大譯師。「手印」意指包含了輪迴、涅槃與法道上的所有現象；換句話說，它們被「封印」(seal)於其中。稱它為「大」，是因為沒有任何法道能超越它。

大圓滿(Great Perfection / Great Completeness；梵 Mahasandhi；藏 rdzogs pa chen po)：藏語「Dzogchen」或「Dzogpachenpo」即指大圓滿。大圓滿的修法是西藏佛教傳承中最古老、最直接的智慧之流。

四畫

止(梵 shamatha；藏 zhi gnas)：「止」是平息或控制心的一種禪定技巧，常見於佛教與印度教，因此有時被稱為「共」(normal，或「一般」)的禪定。梵語Shama意即「寂靜」(peace)，tha意即「住」(to dwell)或「穩定」(stability)。藏語zhi也意指「寂靜」，而「gnas」則是「安住」(to abide)之意。所以，它有時也稱為「安住於寂靜」(calm abiding或peacefully remaining)的修持。

五大(five primary elements；藏'byung ba chen po)：「五大」為組成世界的基本元素，由其生起一切示現，包括物質宇宙與所有住於其中者。它們之所以稱為「大」(great；藏 chen po)，是因為一切皆依於此，而且五大遍在各處。教法中提及「四大」(地、水、火、風)、「五大」(地、水、火、風、空)或「六大」(地、水、火、風、空、識)。

五蘊(five skandhas；梵 pancaskandha；藏 phung po lnga)：五種心理／生理的集合。按照佛教哲學的觀點，這些是我執的基礎，它們包含色、受、想、行、識諸蘊。

化身(梵 nirmanakaya；藏 sprul sku)：「無盡化現之次元」，被定義為色身(rupakaya)之一。化身自報身所主宰之緣而生起，以清淨或不淨相顯現，來調伏各種眾生。

內氣(inner air)：參見「氣」。

中脈(梵 avadhuti；藏 rtsa dbu ma)：中脈是三支主要微細脈(梵 nadi)之一，垂直貫穿於人體之中。

心理染污(mental contamination)(namtok；藏 rnam rtog)：意為「心理染污」、迷惑。(譯按：或譯為「虛妄念頭」、「分別心」)

巴楚仁波切(Patrul Rinpoche, 1808-1887；藏 rdza dpal sprul rin po che)：又名「烏金・吉美・確吉・旺波」(Orgyen Jikmé Chökyi Wangpo)。他是一位證悟大師，雖然過著流浪者的生活，卻是十九世紀最傑出的心靈導師之一。他的根本上師吉美・嘉威・紐古(Jikmé Gyalwé Nyugu)是一位偉大的上師，也是吉美・林巴的主要弟子之一。巴楚仁波切師從吉美・嘉威・紐古，從其處接受了二十五次以上的《龍欽心髓前行》的教授，以及其他許多重要的灌頂。他不時地記下自己的論述，後來收集成六大冊，其中之一即為《普賢上師言教》（*The Words of My Perfect Teacher*；藏 *Kunzang Lamai Shyalung*）

五畫

四加行（Four Foundations）：更精確地說是指「四不共加行」，包括「皈依」、「生起菩提心」、「金剛薩埵淨化」、「供養曼達」，或加上「上師瑜伽」，稱為「五加行」。亦有將「皈依」與「生起菩提心」合一，統稱此四項為「四加行」。這些都是金剛乘修持的前行，透過如是漸進的修持，將心相續調整到適合修持佛法的狀態。

四正量（Four Authentics / Four Valid Factors；藏 tshad ma bzhi）：㈠聖教量（valid scripture；藏 lung tséma）；㈡傳記量（valid commentaries；藏 tenchö tséma）；㈢師訣量（valid teacher；藏 lama tséma）；㈣覺受量（valid experience；藏 nyam nyong tséma）。四者依此次序生起，但在弟子經驗上則為相反。首先，弟子培養某些確切的覺受，進而珍視上師的重要性與價值。一旦能尊敬上師，也就會尊敬他所給予的論釋，進而尊敬佛陀所教導之原始經典。

四依法（Four Reliances；藏 rton pa bzhi）：㈠依法不依人；㈡依義不依語；㈢依了義不依不了義；㈣依智不依識。

四無量心（four immeasurables / four boundless qualities；梵 caturaprameya；藏 tshad med bzhi）：無量的㈠慈；㈡悲；㈢喜；㈣捨。

四種持明果位（four stages of a vidyadhara；藏 rig 'dzin rnam pa bzhi）：四種持明果位為大圓滿或寧瑪傳承所特有，包括：㈠異熟持明（matured vidyadhara）；㈡壽自在持明（vidyadhara with power over life）；㈢手印持明（mahamudra vidyadhara，或「大手印持明」）；㈣元成持明（spontaneously accomplished vidyadhara，或「任運持明」）。

四魔（four Maras；梵 catvari mara；藏 bdud bzhi）：在心靈之道上令修行者產生障礙的四種違逆或「魔」的力量（有時也譯為「魔」〔demon〕）。重要的是，要瞭解它們並非本具的存在，而是皆由心所造。四魔有兩種分類，一種是依照經乘（sutrayana），另一種是依照金剛乘，後者與施身法（藏 chö）的教法密切相關。依照經乘的分類，四魔是：㈠蘊魔：象徵我們執著色相、感受和心理狀態為「真實」（real）；㈡煩惱魔：象徵我們耽溺於負面情緒的習性；㈢死魔：一方面象徵死亡本身，它縮短了珍貴的人身壽命，另一方面也象徵我們對變化、無常與死亡的恐懼；㈣天人魔：象徵我們對愉悅、便捷與寂靜（peace）等的欲求。

末法時期（degenerate times；梵kaliyuga）：「末法時期」是指具五濁惡世的時期：㈠命濁──生命短促；㈡煩惱濁──五毒熾盛；㈢眾生濁──眾生難以調伏；㈣劫濁──戰爭、饑荒擴散；㈤見濁──邪見增盛。

生起次第（Creation meditation / generation / development stage；梵 utpattikrama；藏 bskyed rim）：「生起次第」基本上即是「觀想修持」（visualization practice），目的是淨化我們的顯相。

世間八法（eight worldly dharmas；藏 'jig rten chos brgyad）：即世間八種成見，或稱「輪迴八法」。它們包括：期望讚譽而恐懼被批評，期望快樂而恐懼不快樂，期望有所得而恐懼有所失，期望名聲而恐懼無名。

立斷（trekchö；藏 khregs chod）：為大圓滿修行的兩個面向之一，意為「完全切斷」（thoroughly cutting through，即完全切斷阻礙、固執、僵硬與封閉），或者「突破」（breakthrough）。「立斷」的修持揭示出超越概念戲論的本具清淨。

甘露（梵 amrita；藏 bdud rtsi）：梵語「amrita」的字義是「無死」（deathless），藏語為「dütsi」，因為「它是一帖良藥，能克服死亡的恐怖之境」。而藥物性的甘露，則對於各個層面的治療與成就（siddhis）都有效用。

六～八畫

老外（Inji）：西藏人拿來稱呼所有西方人的用語，不論他們來自哪個國家。「Inji」之字音是來自「English」（英國人）被扭曲而不標準的發音。

自性身（梵 svabhavikakaya；藏 ngo bo nyid sku）：佛的四身之一。堪布貝瑪．班雜（Pema Vajra）說：「自性身是已達二淨之證悟身，二淨為基本實相虛空之本然清淨，以及淨除一切暫時染污之離垢淨。」它是究竟的佛身，它的智慧面向稱為「智慧法身」（wisdom dharmakaya），它對清淨眾生的顯相是具足五決定（fivefold certainty。譯按：即師決定、處決定、法決定、眷屬決定、時決定，又稱「五圓滿」）之報身，對不清淨眾生的顯相是化身。

身（梵 kaya；藏 sku）：梵語「Kaya」字義為「身」（body），亦指「次元」（dimension）、場域（field）、基礎（basis）。

別解脫戒（梵 pratimoksha；藏 so sor thar pa）：別解脫戒被稱為「佛教的基石」（foundation of Buddhism），因為對一般人而言，身戒是心靈修持的開始，也是心靈成長的基礎。發願持守清淨的別解脫戒是為了成就自我解脫，這是屬於聲聞乘的修持。然而，由於藏傳佛教徒是大乘行者，因此他們強調以菩提心的態度來持守別解脫戒。

空行母（梵 dakini；藏 mkha' gro ma）：字義為「空中移行」（move through space），是與智慧相關的女性本質。此語有多重意義，一般空行母是指具足某種程度法力的眾生，而智慧空行母則是，完全證悟者。

明點（梵 bindu；藏 thig le）：字義為「球體」（sphere）或「精華之滴」（essence-drop），是存於身心系統內的「精華」（essence）。

九畫

食子（torma；藏 gtor ma）：一種儀軌用的供品，通常以奶油與糌粑（藏 tsampa）用手工上色製作而成，它可以代表本尊、壇城、供養，或甚至是武器。

拙火（梵 Kundalini）：拙火是一種能量或潛能，與「輪」、「脈」、「氣」、「明點」同樣是人「微細身」（subtle body）的一部分。

怙主頂果．欽哲仁波切（Kyabje Dilgo Khyentse Rinpoche, 1910-1991；藏 dil mgo mkhyen brtse rin po che）：頂果．欽哲仁波切生於東藏康區（Kham）的德格（Dergé），被認證為蔣揚．欽哲．旺波的意化身，也是蔣揚．欽哲．旺波的事業化身蔣揚．欽哲．秋吉．羅卓（Jamyang Khyentse Chökyi Lodrö, 1896-1959）最親近的弟子之一。他被公認為二十世紀最偉大的大圓滿傳承上師之一、蓮師的真實化身，也是當今眾多重要喇嘛的上師。

法身（梵 dharmakaya；藏 chos sku）：字義為「法之身」（Dharma body），即佛果的空性面向，亦被譯為「實相之身」（body of truth）、「究竟次元」（absolute dimension）。

法界（梵 dharmadhatu；藏 chos dbyings）：字義為「虛空」（space）、「界」（realm）或「法之場域」（sphere of dharma）。無始、不變之遍在虛空與無緣之整體（unconditional totality），一切現象皆於其中生、住、滅。（資訊來源：那爛陀翻譯委員會〔Nalanda Translation Committee〕）

法稱（梵 Dharmakirti；藏 chos kyi grags pa）：又名為「確吉．札巴」（Chökyi Drakpa），西元七世紀生於南印度的婆羅門家庭。自幼接受婆羅門教育，後來對佛法產生興趣，為了從世親（梵 Vasubandhu）的嫡傳弟子處領受教法，他前往那爛陀寺習法。當時法護（梵 Dharmapala）仍然在世，而陳那（梵 Dignaga）已經圓寂，法稱於是求戒於法護，而自陳那的嫡傳弟子自在軍（梵 Ishvarasena）處領受教法。在徹底理解陳那的教法之後，法稱成為最偉大的因明上師，並著有「因明七論」（Seven Treatises on Valid Cognition，也稱「七部量論」）。

毘盧遮那七支坐（seven-point posture of Vairochana；藏

rnam snang chos bdun）：㈠雙腿盤坐；㈡手置於大腿前部或膝上；㈢背脊挺直；㈣雙肩微開，如鷹之雙翼；㈤頭頸（下巴略微內收）；㈥口（舌尖頂觸上顎）；㈦眼睛（目光朝鼻尖方向往下）。

波羅密多（梵paramita；藏pha rol tu phyin pa）：梵語「paramita」譯為「transcendental perfection」（超越之圓滿），其字義為「去（ita）彼岸（param）」或「超越」（transcend）。這是描述菩薩行的詞彙，它包含方便與智慧，這兩者即是為了眾生成佛的慈悲發心與空性見地。（資訊來源：蓮師翻譯小組）

十畫

氣（梵prana；藏rlung）：藏語「rlung」亦譯為「風」（wind）、「能量」（energy）或「內氣」（inner air）。根據藏傳佛教密續所述，它是指在身體的心理／生理系統之微細通道中穿行的「氣的能量」（wind-energies）或「心理之氣」（psychic winds）。

乘（vehicle；梵yana；藏theg pa）：在心靈之道上能引領我們至究竟目標者。阿勒・增喀仁波切寫道：「……『乘』之意為何？《集經》（*The Condensed Sutra*）中說過，此乘是抵達如虛空般廣大的大樂宮殿之殊勝乘，乘坐它，一切眾生將能皆到達涅槃。」在此指出梵語「yana」的字義是一個「道乘」或「乘具」，它沿著「道」（path）與「地」（bhumi）承載我們，帶給我們更高的證悟功德。

持明（梵vidyadhara；藏rig 'dzin）：字義為「明覺持有者」（awareness holder）。根據頂果・欽哲仁波切所說，這是指持續安住於本覺（rigpa）之清淨覺性中的人。

般涅槃（梵parinirvana；藏yongs su myang 'das）：即「究竟涅槃」（Final nirvana），是由佛與有高度證量的大師們在生命盡頭所顯現的超越痛苦的境界。「入滅」是佛陀十二行誼的第十二行誼。佛陀八十歲時，於拘尸那羅（Kushinagara）開示：「諸行實無常，汝等勿放逸，當自精進，以成正覺。」之後，便入於般涅槃。

十一～十二畫

密勒日巴（Milarepa, 1040-1123；藏mi la ras pa）：密勒日巴被視為藏傳佛教噶舉派的創始者。在西藏文化中，他的生平事蹟是最受歡迎與傳誦的故事之一。

智（梵jnana；藏ye shes）：梵語「jnana」在藏語中譯為「yeshe」，是「智慧」（wisdom）的多種翻譯之一。「yeshe」是經由兩種積聚（Two Accumulations。譯按：即積聚智慧與福德兩種資糧）所生的智慧，有時譯為「本初智慧」（primordial wisdom）。

《智慧成就》（*The Accomplishment of Wisdom*；梵 *Jnana Siddhi / jnanasiddhirnamasadhanam*；藏 *ye shes grub pa zhes bya ba'i sgrub pa'i thabs*）：藏文《丹珠爾》（*Tengyur*）T2219。

脈（梵 nadi；藏 rtsa）：微細的通道。人體內共有七萬二千個細微的通道，但是主要的三個，是與脊椎平行的中脈（梵 avadhūti；藏 dbu ma）、右脈（梵 rasana；藏 ro ma）與左脈（梵 lalana；藏 rkyang ma），左、右兩脈位於中脈兩邊。在某些部位，右脈與左脈盤繞中脈，形成一系列的「結」（knot）。沿著中脈坐落數個「脈輪」（channel wheel；梵 chakra）或能量中心，通道如傘骨般由此分出。

報身（梵 sambhogakaya；藏 longs sku）：報身是指佛的「色身」（梵 rupakaya），它只對菩薩顯現，是生起化身的基礎。報身具有（三十二種）大人相與（八十種）隨形好。

絨松巴（Rongzompa, 1012-1088）：全名為「絨松．確吉．桑波」（藏 rong zom chos kyi bzang po）。絨松巴是一位有高度證量的大師與學者，他對《幻化網根本續》（梵 *Guhyagarbha Tantra*；藏 *rgyud gsang ba'i snying po*）的論釋，以及有關引介大乘的著作《入大乘法理》（*Introduction to the Way of the Great Vehicle*；藏 *theg pa chen po'i tshul la 'jug pa*）與《證成現相即佛論》（*Establishing All Appearances as Divine*；藏 *snang ba lhar sgrub*）最為著名。

《傑尊心髓》（*Chetsün Nyingtik*；藏 *lce btsun snying thig*）：《傑尊心髓》這一系列的深奧教法，出自偉大的蔣揚．欽哲．旺波（1820-1892）所著的《成就法總集》（*Seven Authoritative Transmissions*；藏 *ka bab dün*），屬「憶念」（recollection or reminiscence）部（藏 jé dren）。依據馬修．理卡德（Matthieu Ricard）所著的《*Introduction to the bce btsun snying thig gi chos skor*》（Shechen Publications, Delhi, 2004）。

喇嘛項仁波切（Lama Shang Rinpoche, 1123-1193）：亦名「項．察巴．宗都．達巴」（Shang Tsalpa Tsondu Dakpa；即「項．玉達巴．宗都．達巴」〔Zhang Yudakpa Tsondu Dakpa〕）或「項仁波切」（Shang Rinpoche；Zhang Rinpoche），有時被簡稱為「喇嘛項」（Lama Shang；Lama Zhang）。他是當時最偉大的仁波切之一，在十二世紀負責了西藏大量的佛教事務與政務，建立了察巴噶舉（Tsalpa Kagyü）傳承，是岡波巴（Gampopa）的達波噶舉（Dagpo Kagyü）傳承之支派。（資訊來源：www.tsalpakagyucenter.org/Tsalpa/KagyuLineage.html）

須彌山（Mount Meru / Mount Sumeru；梵 sumeruparvata；藏 ri rab）：須彌山是一座方形有四面的山，頂部比底部更大，高達八萬由旬（四十五萬公里），位於世界的中心，由七金山隔開的七內海所環繞。位於其外的一個巨大鹹水外海中，有四大部洲與八小部洲（各有兩小洲位於每大洲左右的海中）。我們人類居住在南贍部洲（梵Jambudvīpa），這個完整的世界體系由一環鐵圍山所圍繞。整個宇宙則是由無數此類的世界所組成。

《普賢上師言教》（*The Words of My Perfect Teacher*；藏*kun bzang bla ma'i zhal lung*）：由寧瑪派傑出大師巴楚仁波切所著，本書解說了《龍欽心髓前行》，它是由吉美・林巴取出的伏藏《龍欽心髓》系列教法的基礎修行。這部著名的釋論是巴楚仁波切直接從其上師吉美・嘉威・紐古領受之口傳的忠實紀錄。

十三畫

《楞伽經》（*Sutra of the Descent to Lanka*；梵*Lankavatara Sutra*；藏*lang kar gshegs pa'i mdo*）：全名為《楞伽阿跋多羅寶經》，是佛陀第三次轉法輪時的一部大乘佛經。

阿努瑜伽（梵anuyoga；藏rjes su rnal 'byor）：「阿努瑜伽」是寧瑪派獨有的三乘（三種極具強大轉化力之法道）中的第二種。阿勒・增喀（Alak Zenkar）仁波切說：「此乘之所以名為『阿努瑜伽』或『隨類瑜伽』，是因為它主要教導要熱切追求（或「跟隨」）智慧之道，目的在了悟萬法皆為究竟虛空（absolute space）與本初智慧（primordial wisdom）不二雙運之創造性展現。」

阿底峽（Atisha Dipamkara, 982-1054。意譯為「吉祥燃燈智」）：阿底峽是一位印度的偉大上師與學者，著作等身，包括《菩提道燈》（*Lamp for the Path of Awakening*）。他是著名的佛教大學超戒寺（梵Vikramashila）的主要上師之一，他恪守戒律，並以教法純淨而廣受稱頌。人生的最後十年住在西藏，從事教導與翻譯法本的工作，並對當地歷經一段壓制時期後的佛法復興有重大的貢獻。他的弟子創立了噶當巴派（Kadampa school）。

阿賴耶（梵alaya；藏kun gzhi）：「總基」或「基礎」。龍欽巴如此描述「阿賴耶」：「這是未證悟且無記（非善非惡）的狀態，它屬於心與心理活動（mental events）的範疇，它是所有的『業』與輪迴、涅槃『痕跡』的基礎。」而在「道果」（藏Lam Dré）的教法中，它指的是「覺空不二」（覺性與空性不可分離之結合）。在「修心七要」（Seven Points of Mind Training）中，這個詞彙也是如此使用。

頓超（tögal；藏thod rgal）：亦稱「妥噶」，為大圓滿修行的兩個面向之一。「頓超」可以在此生中快速證得三身，因此這也是消融修行者業相（karmic vision）最迅捷的方法之一。

《解脫莊嚴寶論》（*The Jewel Ornament of Liberation*；藏 *dvags po thar rgyan / dam chos yid bzhin nor bu rin po che'i rgyan*）：為密勒日巴之傑出弟子岡波巴所著，是一部有關佛法「根」、「道」、「果」之大作。它涵蓋了噶當巴（Kadampa）與噶舉巴（Kagyüpa）傳承大乘教法的精華。

圓滿次第（completion meditation／completion stage；梵 sampannakrama；藏 rdzogs rim）：藏語「Dzogrim」常譯為「圓滿次第」，指的是「生起次第」（藏 kyérim）之後觀想的融入。

十四～十六畫

菩提心（梵 bodhicitta；藏 byang chub kyi sems）：字義為「證悟的心」（the mind of enlightenment）。在相對（世俗）的層面上，這是願為一切眾生而證得佛果的願力，也是為了達到這個目標所必要的慈悲心、六波羅密等方法的修持；在究竟（勝義）的層面上，它是對究竟本性的直觀。

輪（梵 chakra）：能量中心。

緣起（dependent arising／dependent origination；梵 pratityasamutpada；藏 rten 'brel）：「緣起」是指一切外在與內在的現象，皆非無因而顯現，亦非由無因之恆常創造者（諸如「我」〔self〕、時間或造物主等）為其因而顯現，一切現象皆各由其特殊因緣之聚集而生。一切外在現象由緣起而生，如同種子發成芽一般；而一切內在現象（上、中、下等眾生之諸蘊）則以十二緣起法則生起。

龍欽巴（Longchenpa, 1308-1364；藏 klong chen pa）：又名「龍欽．冉江」（Longchen Rabjam），意為「無邊、廣袤的虛空」；或「智美．沃瑟」（Drimé Özer），意為「遍知無垢光」。他是寧瑪傳承最卓越的一位上師，在其巨著「七寶藏」（Seven Treasures。譯按：「七寶藏」為《法界寶藏論》、《如意寶藏論》、《勝乘寶藏論》、《竅訣寶藏論》、《句義寶藏論》、《宗派寶藏論》、《實相寶藏論》）中，他將寧瑪派教法系統化，並著有大量關於大圓滿之著作。他把《龍欽心髓》系列教法傳授給吉美．林巴，此法隨後成為最廣為遵循的傳承之一。

《龍欽心髓前行》（*Longchen Nyingtik Ngöndro*；藏 *klong chen snying thig sngon 'gro*）：《龍欽心髓前行》的根本偈頌主要源自吉美．林巴（Jikmé Lingpa, 1730-1798）所發掘的《龍欽心髓》（Longchen Nyingtik）伏藏原本，因此它是蓮師親說之「金剛語」（vajra words）。這部深奧而

富詩意的伏藏，隨後由吉美・林巴的嫡傳弟子、第一世杜竹千（Dodrupchen）晉美・琛列・沃瑟（Jikmé Trinlé Özer, 1745-1821）仁波切整理並增編為現今的版本。雖然我們通常將這一系列的修法簡稱為《龍欽心髓前行》，但其全名應是《大圓滿龍欽心髓前行：抵達遍知的殊勝之道》（*The Preliminary Practice of the Dzogchen Longchen Nyingtik: The Excellent Path to Omniscience*）

龍樹（梵 Nagarjuna, 150-250；藏 klu sgrub）：偉大的學者龍樹為佛陀法教「六莊嚴」（Six Ornaments。譯按：即指龍樹、聖提婆、無著、世親、陳那、法稱等六大論師）之一，他被所有佛教宗派尊崇為無與倫比的大師。他的著作奠定了中觀學派（Madhyamika School）的基礎，此學派提倡「中道」（Middle Way）學說，被認為是經乘最高的見地。他也是二轉法輪核心教授「般若經」（Prajña-paramita Sutras）的開啟者。他是八十四大成就者（mahasiddha）之一，也是八大持明之一。

十七畫

蔣貢・康楚・羅卓・泰耶（Jamgön Kongtrul Lodrö Tayé；藏 'jam mgon kong sprul blo gros mtha' yas, 1813-1899）：蔣貢・康楚・羅卓・泰耶因綜合眾多西藏佛教傳承之教證而馳名。這些綜合之教證收錄於「五寶藏」（The Five Great Treasures）。他被所有西藏佛教宗派視為「利美（藏 Rimé，不分教派）運動」最偉大的上師之一，亦因撰寫與編輯一百卷教法而聞名。

彌勒（梵 Maitreya / Maitreyanatha；藏 byams pa／byams pa' i mgon po）：彌勒菩薩是繼釋迦牟尼佛之後的下一尊佛，現居於兜率天（梵 Tushita）。他傳法給無著（梵 Asanga），無著將這些教法轉錄為「彌勒五論」（Five Treatises of Maitreya。譯按：「彌勒五論」為《現觀莊嚴論》、《大乘莊嚴經論》、《辨中邊論》、《辨法法性論》、《究竟一乘寶性論》）。彌勒為八大菩薩之一，他有時被描繪為白黃色，手持橙枝，用以驅散熱惱。

蔣揚・欽哲・旺波（藏 'jam dbyangs mkhyen brtse' i dbang po, 1820-1892）：又名「貝瑪・沃瑟・多昂・林巴」（Pema Ösal Do-ngak Lingpa）。蔣揚・欽哲・旺波是一位重要的伏藏師（「五大伏藏王」〔Five Sovereign Tertöns〕之第五位），也是十九世紀最尊貴的上師之一。他與秋吉・林巴（Chokgyur Lingpa, 1829-1870）、偉大的蔣貢・康楚生於同一時代，被視為是無垢友（Vimalamitra）與赤松・德贊王的雙重化身。他是「利美運動」的發起者。

聲聞乘（梵 shravakayana；藏 nyan thos kyi theg pa）：聲

聞之道，也稱為「上座部」（梵 Theravada）傳統、「基礎乘」（basic yana），或現今比較少用的「小乘」（梵 Hinayana）。

十八～二十畫

竅訣教授（pith instructions；梵 upadesha；藏 man ngag）：或譯為「口訣指示」。這是為了修行的目的，而以精要且直接的方式，來解釋教法中最深奧的要點。

薈供（tsok；梵 ganachakra；藏 shogs）：金剛乘重要之供養與淨化修持，特別在藏曆每月初十與二十五日修持。藏語「tsok」意指「積聚」（an accumulation）或「集會」（a gathering）、「集合」（an assembly or group）。

薩拉哈（梵 Saraha；藏 mda' bsnun）：或譯為「薩惹哈」。薩拉哈是印度的大成就者之一，以其有關證悟的道歌（梵 doha）聞名。他也是龍樹的老師之一，在畫像中被描繪為手持一支箭。他的道歌依據傳統可分為三類：㈠國王之歌；㈡王后之歌；㈢庶民之歌。

薩迦・班智達（Sakya Pandita, 1182-1251；藏 sa skya paN-Dita kun dga' rgyal mtshan）：薩迦五祖之一，為傑尊・札巴・堅贊（Jetsün Drakpa Gyaltsen）的侄子。他是西藏歷史上最偉大的學者之一，也是「雪域三大文殊」（Three Manjughoshas of Tibet）之一。

魔羅（梵 Mara；藏 bdud）：傳說中，魔羅是住於兜率天的威武天神，他的住所遠離主要天神居住之處。雖然他是色界天神，但由於執著於所欲之物，因此他是住在欲界的六欲天之一。他也是幻相之王，曾試圖阻止佛陀在菩提伽耶（Bodh Gaya）獲得證悟。

二十一畫以上

蘊（aggregate）：見「五蘊」（five skandhas）。

灌頂（empowerment；梵 abhisheka；藏 dbang bskur）：字義為「力量的轉移」（transfer of power），是金剛乘（vajrayana）中聽聞、學習與修持法教的許可，通常會在極為繁複或極為簡單的儀式中完成。

觀（梵 vipashyana；藏 lhag mthong）：常譯為「觀慧」（insight wisdom）或「淨見」（clear seeing）。

觀世音（梵 Avalokiteshvara；藏 spyan ras gzigs）：一般認為觀世音是諸佛之「語」的精要，也是諸佛慈悲的化現。

顱器（skullcup；梵 kapala；藏 thod pa）：音譯為「嘎巴拉」，以顱骨做的碗。

KHYENTSE
FOUNDATION

欽哲基金會

宗薩・蔣揚・欽哲仁波切將本書之所得全數捐贈給欽哲基金會（Khyentse Foundation）。

欽哲基金會創立於二〇〇一年，為一非營利性組織，其目的是建立一個護持系統，以具遠見的思惟，來保存並拓展佛教各個傳統的研習與修持。

自創立至二〇一二年為止，欽哲基金會已在世界三十個不同的國家資助了佛教的研究與修持計畫。在過去十年中，基金會提供了超過六百萬美元的獎助金，其中所資助的計畫，包括「加州柏克萊大學佛學研究教席」、「智慧上師數位圖書館」、「亞洲傳統佛學院基金」、「全球性佛學獎學金」，以及其他眾多的創意計畫。這些計畫估計直接影響了一萬多人的生命。宗薩・欽哲仁波切的願望是，藉由這些計畫的推展，讓佛陀的教法能夠經由受助者的努力，而得以廣為流傳。

其他目前正在進行的計畫尚有「全球高等教育系統之佛學研究調查」，以及培育並推動一個百年的計畫——「八萬四千・佛典傳譯」，其目標是將廣大的佛教教法全部翻譯成現代的語言。

想要瞭解更多有關欽哲基金會或宗薩・欽哲仁波切之佛行事業，請上基金會網站：www.khyentsefoundation.org。

觀自在系列BA1026

不是為了快樂──前行修持指引

Not For Happiness: A Guide to the So-Called Preliminary Practices

作者──宗薩．蔣揚．欽哲仁波切（Dzongsar Jamyang Khyentse Rinpoche）
譯者──姚仁喜
封面繪圖──Vladmir Vimr
特約主編──莊雪珠
編輯──見澈法師、曾惠君
設計構成──吉松薛爾
校對──姚仁喜、莊雪珠、魏秋綢

發行人──蘇拾平
總編輯──于芝峰
副總編輯──田哲榮
業務發行──王綬晨、邱紹溢
行銷企劃──陳詩婷
出版──橡實文化 ACORN Publishing
臺北市10544松山區復興北路333號11樓之4
電話：(02) 2718-2001．傳真：(02) 2719-1308
E-mail信箱：acorn@andbooks.com.tw

發行──大雁出版基地
臺北市10544松山區復興北路333號11樓之4
電話：(02) 2718-2001．傳真：(02) 2718-1258
讀者傳真服務：(02) 2718-1258
讀者服務信箱：andbooks@andbooks.com.tw
劃撥帳號：19983379．戶名：大雁文化事業股份有限公司

初版一刷──二〇一二年六月
初版十七刷──二〇二一年九月
定價──三五〇元
ISBN──978-986-6362-53-8（平裝）

國家圖書館出版品預行編目(CIP)資料

不是為了快樂：前行修持指引／宗薩．蔣揚．欽哲仁波切(Dzongsar Jamyang Khyentse Rinpoche)作；姚仁喜譯. －初版. －臺北市：橡實文化出版：大雁文化發行, 2012.06
292面；17×22公分
譯自：Not for happiness : a guide to the so-called preliminary practices
ISBN 978-986-6362-53-8(平裝)

1.藏傳佛教 2.佛教修持

226.966　　101009317